kochduell

Hausmannskost

Ralf Meuser

kochduell

Hausmannskost

vgs

Die Abkürzungen in den Rezepten bedeuten:
EL = Esslöffel
TL = Teelöffel
Msp. = Messerspitze
Pr. = Prise
Bd. = Bund
Päck. = Päckchen
cl = Zentiliter

Dieses Buch erscheint zur Sendung **kochduell**, die montags bis freitags um 18.15 Uhr bei VOX ausgestrahlt wird.

Die Deutsche Bibliothek - CIP-Einheitsaufnahme
kochduell / [VOX].- Köln : vgs
Hausmannskost / Ralf Meuser.- Orig.-Ausg. - 2002
ISBN 3-8025-1492-0

Originalausgabe

Redaktion: Michael Büsgen
Lektorat: Nicole Volmer
Produktion: Susanne Beeh
Umschlaggestaltung: Alexander Ziegler, Köln
Umschlagfoto: Jürgen Bindrim für VOX
Layout und Satz: Veronika Richter
Foodfotos: Food-Foto-Köln, Jürgen Holz, Assistenz: Christian Pompetzki
Foodstyling: Ralf Meuser
Druck: Passavia, Passau
Printed in Germany

ISBN 3-8025-1492-0

Besuchen Sie unsere Homepage im Internet unter: www.vgs.de
oder die Homepage vom Kochduell unter: www.vox.de

Inhalt

Fleisch, Wild und Geflügel

Quer durch den Garten

Kartoffel & Co.

Nachtisch

Vorwort

„Es muss nicht immer Kaviar sein“, das ist der Leitspruch meiner traditionellen Rezeptsammlung. Als gebürtiger Rheinländer ist es nicht verwunderlich, dass meine Wahl auf dieses Thema gefallen ist, denn bei uns gibt es statt des Fläschchens schon im Babyalter Flönz und Rinderrouladen. Nein, Spaß beiseite, das regionale Angebot an heimischen Produkten ist reichhaltig, vielfältig und gut. So ist es nur natürlich, dass sich in Deutschland eine herzhafte und schmackhafte Küche entwickelte.

In den letzten Jahrzehnten schauten wir allerdings gerne in fremde Kochtöpfe. Ob „Nouvelle cuisine“ oder Pizza, ob Gyros oder Paella, alles war neu und köstlich. Wer von uns verzichtet schon gerne auf die kulinarischen Errungenschaften aus aller Welt?

Doch die Zeiten ändern sich, und auch die gute alte deutsche Küche erlebt derzeit eine Renaissance. Bei Fleisch und Fisch steht Herzhaftes und Geschmackvolles wieder hoch im Kurs.

Ich habe versucht, Ihnen ein ausgewogenes Angebot von traditionellen und modernen Rezepten zu präsentieren. Die einzelnen Gerichte sind jeweils mit einem Vorschlag für Beilagen ausgestattet. Damit Sie beliebig variieren können, sind diese jedoch separat aufgeführt.

Mit dem einen oder anderen Rezept verwöhnte mich schon meine Mutter Helga, und wir wissen doch alle, bei Mutter schmeckt's am besten – und besonders bei meiner.

Viel Spaß beim Nachkochen und guten Hunger!

Ralf Meuser

Suppen und Eintöpfe

Suppen und Eintöpfe sind wahre Alleskönner. Ob als Vorspeise, ganze Mahlzeit oder als Stärkung gerade an kalten Tagen, sie gehören einfach dazu. Und dass es abgesehen von den Klassikern noch Interessantes zu entdecken gibt, zeigt das folgende Kapitel.

Linseneintopf mit Bockwürstchen

(für 4 Personen)

500 g getrocknete braune Linsen
$1^1/_2$ l Wasser
2 Zwiebeln
100 g Speck, gewürfelt
20 g Schmalz
3 Karotten
$^1/_2$ l Fleischbrühe
$^1/_4$ Sellerieknolle
2 Kartoffeln
4 Bockwürstchen
Senf
Tafelessig
frisches Schnittlauch
Salz, Pfeffer

Die Linsen am Vortag in ca. $1^1/_2$ Liter Wasser einweichen. Die Zwiebeln schälen, würfeln und mit dem Speck im Schmalz angehen lassen. Die Linsen mit dem Einweichwasser und der Fleischbrühe in einen Topf geben und das Ganze mindestens eine Stunde lang kochen lassen. Das Gemüse und die Kartoffeln schälen, putzen, würfeln und ca. 20 Minuten in der Suppe mitkochen. Anschließend mit Salz, Pfeffer, Senf und Essig abschmecken. Die Bockwürstchen klein schneiden und hinzufügen. Mit geschnittenem Schnittlauch bestreut servieren.

Zubereitungszeit: ca. 90 Minuten

Tipp:
Eintöpfe schmecken erst richtig gut, wenn sie am Vortag gekocht und dann wieder aufgewärmt werden.

Frische Kräuter

Frische grüne Kräuter grundsätzlich immer erst kurz vor dem Servieren hacken und unter die Speisen geben. So verlieren sie am wenigsten Aroma und die schöne grüne Farbe bleibt erhalten. Getrocknete Kräuter sollten hingegen bis zu 15 Minuten im Gericht ziehen. Erst dann entfalten sie ihr volles Aroma.

Erbsensuppe mit Speck

Die Erbsen werden am Vortag in ca. 1 1/2 Liter Wasser eingeweicht.
Danach werden in einem großen Topf die geschälten Zwiebeln zusammen mit dem Speck in Schweineschmalz angedünstet. Aufgefüllt wird das Ganze mit den eingeweichten Erbsen, dem Einweichwasser und der Fleischbrühe. Die Suppe sollte danach ca. 1 Stunde lang köcheln. Achten Sie darauf, dass die verschiedenen Erbsensorten auch unterschiedliche Garzeiten haben. Die Kartoffeln und das Gemüse putzen, schälen, in Würfel schneiden und 1/2 Stunde mitkochen, bis alle Zutaten gar sind. Sollte die Suppe zu dick werden, geben Sie noch etwas Fleischbrühe dazu. Mit Salz, Pfeffer, Majoran und Senf abschmecken und vor dem Servieren mit gehackter Petersilie garnieren.

Zubereitungszeit: ca. 90 Minuten

Tipp:
Im Rheinland werden traditionell Schweinepfötchen oder Schweineöhrchen mitgekocht, das ist allerdings nicht jedermanns Sache.

(für 4 Personen)

400 g getrocknete grüne Erbsen
1 1/2 l Wasser
2 Zwiebeln
150 g Speck, gewürfelt
20 g Schweineschmalz
1/2 l Fleischbrühe
4 Kartoffeln
1/2 Lauch
1 Karotte
50 g Sellerie
Majoran
Senf
frische Petersilie, gchackt
Salz, Pfeffer

Bündner Gerstensuppe

Die Zwiebel schälen, in Würfel schneiden und im Pflanzenöl glasig anschwitzen. Das Bündner Fleisch in sehr feine Würfel schneiden und dazugeben. Das Gemüse und die Kartoffeln waschen, schälen, in sehr feine Würfel schneiden und zusammen mit der Zwiebel und dem Bündner Fleisch anschwitzen. Die Graupen hinzugeben und angehen lassen, anschließend mit Weißwein ablöschen und mit der Fleischbrühe aufgießen. Die Suppe ca. 30 Minuten köcheln lassen und mit Salz und Pfeffer abschmecken. Mit frischen Kräutern verfeinern.

Zubereitungszeit: ca. 50 Minuten

Tipp:
Rauchfleisch ist eine gute, schmackhafte und günstige Alternative zu Bündner Fleisch.

(für 4 Personen)

1 Zwiebel
2 cl Pflanzenöl
200 g Bündner Fleisch
1 Karotte
1/2 Lauch
2 Kartoffeln
400 g Graupen
4 cl Weißwein
1 l Fleischbrühe
frische Gartenkräuter (nach Belieben)
Salz, Pfeffer

Welche Kartoffeln wofür?

Fest kochende Kartoffeln sind am besten geeignet für Salate, Bratkartoffeln, Salzkartoffeln und Pellkartoffeln; überwiegend fest kochende Kartoffeln kann man für fast alle Gerichte verwenden; mehlig kochende Kartoffeln dagegen für Kartoffelpüree, -knödel und Suppen.
Kartoffeln immer erst kurz vor dem Kochen schälen, da geschälte Kartoffeln in 24 Stunden bis zu 40 % ihrer Inhaltsstoffe verlieren.

Kartoffelcremesuppe mit Limburger und Trüffelöl

(für 4 Personen)

40 g Speck, gewürfelt
1 Zwiebel, gewürfelt
2 cl Pflanzenöl
5 cl Weißwein
400 ml Sahne
400 ml Brühe
150 g Kartoffeln, geschält und gewürfelt
Muskatnuss
100 g Limburger Käse
40 g Crème fraîche
4 cl Trüffelöl
Salz, Pfeffer

Speck und Zwiebelwürfel im Pflanzenöl anschwitzen und mit Weißwein ablöschen. Sahne, Brühe und Kartoffelwürfel dazugeben und 20 Minuten köcheln lassen. Die Suppe pürieren und durch ein feines Sieb geben, danach mit Salz, Pfeffer und Muskat abschmecken. Den Limburger Käse in die Tassen geben und mit der Suppe aufgießen. Crème fraîche auf die Suppe geben und mit Trüffelöl „parfümieren".

Zubereitungszeit: ca. 30 Minuten

Tipp:
Kaufen Sie am besten Trüffelöl von weißen Trüffeln, das ist zwar etwas teurer, dafür aber viel intensiver im Geschmack.

Grünkohl mit Pinkel

1 kg Grünkohl
200 g geräucherter Speck, gewürfelt
2 Zwiebeln, gewürfelt
20 g Schmalz
400 ml Fleischbrühe
1 Lorbeerblatt
200 g Kartoffeln, gewürfelt
4 Pinkel (Bregenwürste)
Senf
Muskatnuss
Salz, Pfeffer

Zunächst wird der Grünkohl in reichlich kochendem Salzwasser ca. 5 Minuten blanchiert und anschließend in kaltem Wasser abgeschreckt. Speck und Zwiebeln im Schmalz anschwitzen, den Grünkohl in feine Streifen schneiden und dazugeben. Mit Fleischbrühe aufgießen und das Lorbeerblatt dazugeben. Das Ganze ca. 50 Minuten kochen lassen und bei Bedarf mit etwas Fleischbrühe angießen. Die Kartoffelwürfel dazugeben und verkochen lassen. Die Würste werden kurz vor dem Servieren im Grünkohl erhitzt. Abschließend den Eintopf mit Salz, Pfeffer, Senf und Muskatnuss abschmecken.

Zubereitungszeit: ca. 90 Minuten

Tipp:
Die Kartoffeln geben dem Grünkohl die Bindung. Damit nichts anbrennt, sollte der Grünkohl regelmäßig umgerührt und eventuell mit etwas Fleischbrühe aufgegossen werden.

Schnibbelbohnen-eintopf mit Mettwurst

(für 4 Personen)

1 große Zwiebel
100 g Speck, gewürfelt
2 cl Pflanzenöl
$1^1/_2$ l Fleischbrühe
500 g frische Schneidebohnen
4 Kartoffeln
Bohnenkraut
Majoran
4 Mettwürstchen
Salz, Pfeffer

Die Zwiebeln schälen, würfeln, zusammen mit dem Speck im Pflanzenöl anschwitzen und mit der Fleischbrühe auffüllen. Die Schneidebohnen in Streifen schneiden und in die köchelnde Suppe geben. Die Kartoffeln schälen, in Würfel schneiden und mitkochen. Das Bohnenkraut und den Majoran dazugeben. Die Mettwürstchen in Scheiben schneiden und mitkochen. Die Suppe kochen bis die Kartoffeln anfangen zu zerfallen. Mit Salz und Pfeffer verfeinern.

Zubereitungszeit: ca. 40 Minuten

Tipp:
Im Kühlregal Ihres Supermarktes bekommen Sie auch Schnibbelbohnen, die mit Milchsäure vergohren sind. Probieren Sie das Rezept doch einmal damit.

Gulaschsuppe

(für 4 Personen)

430 g Rindfleisch, in kleinen Würfeln
2 cl Pflanzenöl
1 Zwiebel, gewürfelt
30 g Tomatenmark
20 g Paprikapulver
100 ml Rotwein
600 ml Fleischbrühe
1 rote Paprika, gewürfelt
1 gelbe Paprika, gewürfelt
1 grüne Paprika, gewürfelt
2 Kartoffeln, gewürfelt
etwas Speisestärke zum Abbinden
Salz, Pfeffer

Das Rindfleisch in heißem Pflanzenöl scharf anbraten. Zwiebelwürfel und Tomatenmark dazugeben und anrösten. Das Paprikapulver untermischen, mit Rotwein ablöschen und mit Fleischbrühe aufgießen. Das Ganze ca. 30 Minuten kochen lassen. Die Paprika- und Kartoffelwürfel dazugeben und in der Suppe gar kochen. Speisestärke in Wasser auflösen und die Suppe damit abbinden. Alles mit Salz und Pfeffer abschmecken.

Zubereitungszeit: ca. 60 Minuten

Tipp:
Wenn Sie möchten, dann schmecken Sie Ihren Gulasch oder Ihre Gulaschsuppe mit etwas geriebener Zitronenschale ab, das verleiht dem Gericht eine besondere Note.

Herzhafte Salate

Kaum etwas in der Küche bietet so viele Variationsmöglichkeiten wie der Salat. Ob herzhaft oder leicht, ob mit Fisch, Meeresfrüchten oder Fleisch, so gut wie alles ist möglich. Mit den richtigen Zutaten und Dressings versehen, kann ein Salat auch mal eine ganze Mahlzeit ersetzen.

Käse-Wurst-Salat

(für 4 Personen)

400 g Fleischwurst
400 g Schweizer Schnittkäse
4 Essiggurken, in feine Streifen geschnitten
100 ml Essig
300 ml Pflanzenöl
100 ml Fleischbrühe
1 Zwiebel, in feine Streifen geschnitten
2 Tomaten
frische Petersilie, gehackt
Zucker
Salz, Pfeffer

Fleischwurst, Käse und Essiggurken in dünne Streifen schneiden. In einer Schüssel aus Essig, Öl, Fleischbrühe und der Zwiebel eine Salatsauce herstellen und mit Salz, Pfeffer und Zucker abschmecken.
Das Dressing über die geschnittenen Zutaten geben. Die Tomaten entkernen, würfeln und mit der Petersilie unter den Salat heben.

Zubereitungszeit: ca. 20 Minuten

Tipp:
Wenn Sie den Salat über Nacht ziehen lassen, sollten Sie ihn am nächsten Tag noch einmal abschmecken, denn er verliert an Geschmack.

Der Eier-Frische-Test

Die Schwimmprobe hilft, zwischen frischen und alten Eiern zu unterscheiden: Rühren Sie dazu 100 g Salz in einen Liter Wasser ein und legen Sie dann die Eier hinein. Frische Eier bleiben auf dem Topfboden liegen, ältere wandern nach oben zum Topfrand. Je älter das Ei ist, desto höher schwimmt es.

Rheinischer Kartoffelsalat mit Ei und Gurke

Die gepellten Kartoffeln in Scheiben schneiden, die Zwiebel dazugeben, die Eier hacken und die Gewürzgurken in dünne Scheiben schneiden. Alles vermischen. Das Eigelb und den Senf in eine Schüssel geben und mit einem Schneebesen langsam das Pflanzenöl unterschlagen, um eine Mayonnaise herzustellen. Mit Salz, Pfeffer und Zucker abschmecken. Die Kartoffeln unterheben und etwas vom Fond der Essiggurken dazugeben. Vorsicht: Die Mayonnaise nicht zu dünn werden lassen. Zum Schluss die gehackte Petersilie dazugeben. Nach 1 bis 2 Stunden noch einmal nachschmecken.

Zubereitungszeit: ca. 60 Minuten

(für 4 Personen)

800 g Pellkartoffeln
1 Zwiebel, gewürfelt
4 Eier, hart gekocht
3 Gewürzgurken
3 Eigelb
20 g Senf
400 ml Pflanzenöl
Zucker
frische Petersilie, gehackt
Salz, Pfeffer

Feldsalat in Kartoffel-Speck-Dressing

Feldsalat putzen. Die Speck- und Zwiebelwürfel in etwas Pflanzenöl angehen lassen und anschließend mit Weißwein ablöschen. Brühe, Essig und Öl dazugeben und aufkochen. Die Kartoffel in Würfel schneiden und in dem Dressing gar kochen. Das Dressing mit einem Schneebesen stark verrühren, sodass die Kartoffelwürfel auseinanderfallen und somit dem Dressing Bindung verleihen. Mit Salz, Pfeffer, Muskatnuss und einer Prise Zucker abschmecken. Das noch warme Dressing über den Feldsalat geben und servieren.

Zubereitungszeit: ca. 30 Minuten

Tipp:
Feldsalat sollte immer in sehr viel Wasser gewaschen werden. Wiederholen Sie den Waschvorgang mehrere Male (bis zu 5-mal), bis sich auf dem Grund der Schüssel kein Sand mehr absetzt. Möchten Sie den Feldsalat nach dem Waschen zunächst lagern, dann breiten Sie ihn am besten auf einem Tuch aus. Sollte der Feldsalat welk sein, legen Sie ihn für einige Minuten in sehr kaltes Wasser, dann gewinnt er an Spannkraft.

(für 4 Personen)

240 g Feldsalat
40 g Speck, gewürfelt
1/2 Zwiebel, gewürfelt
4 cl Weißwein
300 ml Fleischbrühe
5 cl Essig
5 cl Pflanzenöl
1 große Kartoffel, geschält
Muskatnuss
1 Pr. Zucker
Salz, Pfeffer

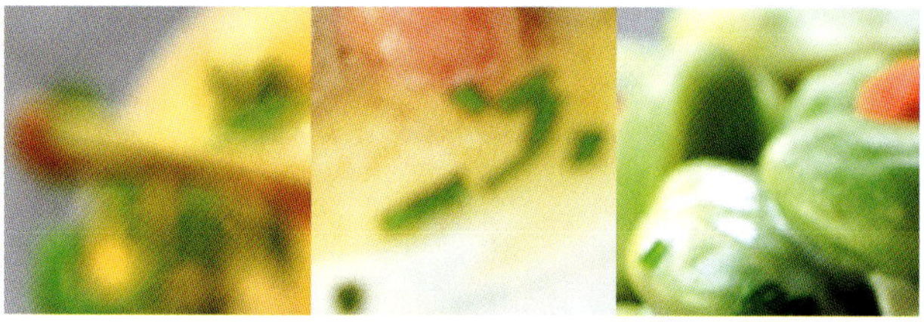

Krautsalat mit Sahne

(für 4 Personen)

1 Weißkohl
1 Zwiebel, in feine Streifen geschnitten
200 ml saure Sahne
150 g Crème fraîche
Zucker
Salz, Pfeffer

Den Weißkohl vierteln, Strunk entfernen und in sehr feine Streifen schneiden. Die Zwiebelstreifen dazugeben und leicht salzen.
Den Kohl mit den Händen durchkneten, damit er weich wird und Flüssigkeit verliert. Anschließend saure Sahne und Crème fraîche dazugeben. Mit Salz, Pfeffer und Zucker abschmecken.

Zubereitungszeit: ca. 10 Minuten

Tipp:
Wenn Sie aus Weißkohl oder Rotkohl einen Salat zubereiten möchten, können Sie diesen vorher in kochendem Salzwasser abschrecken. Wenn Sie den Kohl aber mit etwas Salz durchkneten, bleiben alle Vitamine und auch mehr Geschmacksstoffe erhalten. Weich wird er durch diese Methode übrigens auch.

Kleine Gerichte

Hausmannskost muss nicht unbedingt immer große Portionen und üppiges Schlemmen bedeuten.
Auch kleine, unkomplizierte Gerichte gehören seit jeher dazu. Ich habe für Sie einige Vorschläge, die sich schnell und einfach umsetzen lassen.

Frische Kräuter richtig lagern

Möchten Sie frische Kräuter einige Tage aufbewahren, dann wickeln Sie diese locker in Klarsichtfolie und legen sie in den Kühlschrank. Auf keinen Fall in Wasser stellen, denn dadurch faulen sie relativ schnell.

Birnen, Bohnen und Speck

Den Speck mit den Zwiebelwürfeln in der Butter anschwitzen, mit Mehl bestäuben und mit der kalten Milch auffüllen. Die Sauce 10 Minuten kochen lassen. Die dicken Bohnen dazugeben und mit Bohnenkraut, Salz, Pfeffer und Muskatnuss abschmecken. Die ganze Zwiebel halbieren und mit Nelken, Lorbeerblatt und Salz in reichlich Wasser kochen. Bauchspeck dazugeben und ca. 40 Minuten köcheln lassen. Anschließend herausnehmen, in Scheiben schneiden und auf den dicken Bohnen anrichten. Birnenkompott dazu reichen.
Sie können auch Birnenstückchen unter die dicken Bohnen geben, das ist ebenfalls eine sehr delikate Variante.

Zubereitungszeit: ca. 60 Minuten

(für 4 Personen)

20 g Speck, gewürfelt
½ Zwiebel, gewürfelt
20 g Butter
15 g Mehl
150 ml Milch
800 g dicke Bohnen
Bohnenkraut
Muskatnuss
1 Zwiebel, geschält
3 Nelken
1 Lorbeerblatt
800 g Bauchspeck am Stück
400 g Birnenkompott
Salz, Pfeffer

Himmel und Erde

(für 4 Personen)

4 Flönz (leicht geräucherte Blutwurst)
etwas Mehl zum Mehlieren
1 Zwiebel, in feine Streifen geschnitten
2 cl Pflanzenöl
400 g Apfelkompott
4 Portionen Kartoffelpüree *(siehe S. 81)*
Salz

Den Flönz der Länge nach halbieren, die Haut entfernen und die Wurst leicht mehlieren. In einer heißen Pfanne von beiden Seiten knusprig anbraten. Die Zwiebeln ebenfalls mehlieren und in Fett schwimmend knusprig ausbacken. Die gebackenen Zwiebeln abtropfen lassen und leicht salzen. Den gebratenen Flönz auf dem Kartoffelpüree anrichten und die Röstzwiebeln darüber geben.

Zubereitungszeit: ca. 30 Minuten

Tipp:
Wenn Sie keinen originalen Flönz bekommen, können Sie dieses Gericht auch mit normaler Blutwurst zubereiten. Sie sollten allerdings Ihren Metzger fragen, ob die Wurst bratfest ist, denn viele Blutwürste fallen beim Braten auseinander.

Entengeröstetes mit Bohnen

(für 4 Personen)

4 Portionen Bratkartoffeln *(siehe S. 81)*
400 g gebratenes Entenfleisch
200 ml Bratensauce
300 g grüne Bohnen, gekocht und halbiert
Bohnenkraut
Gartenkräuter nach Belieben, gehackt
Salz, Pfeffer

Die Bratkartoffeln wie im Rezept (siehe S. 81) beschrieben zubereiten. Das Entenfleisch in Würfel schneiden, dazugeben und leicht anbraten. Anschließend die Bratensauce mit den Bohnen dazugeben, mit Bohnenkraut, Salz und Pfeffer abschmecken und die gehackten Gartenkräuter darüber streuen.

Zubereitungszeit: ca. 30 Minuten

Tipp:
Dieses Gericht können Sie praktisch mit jeder Sorte gebratenem Fleisch zubereiten.

Döppekuchen

Kartoffeln und Zwiebeln fein reiben. Die Eier hinzufügen und mit Salz, Pfeffer und Muskatnuss abschmecken. Eine feuerfeste Form mit Pflanzenöl einstreichen und mit dem Speck auslegen. Die Kartoffelmasse hineinfüllen und mit etwas Pflanzenöl beträufeln. Im Backofen ca. 1 ½ Stunden bei 180° C backen. Wenn der Döppekuchen zu braun werden sollte, decken Sie ihn mit etwas Aluminiumfolie ab.
Traditionell reicht man Birnen oder Apfelkompott dazu.

Zubereitungszeit: ca. 100 Minuten

(für 4 Personen)

1 kg Kartoffeln, geschält
2 Zwiebeln, geschält
Muskatnuss
100 g durchwachsener Speck, in Scheiben
4 cl Pflanzenöl
4 Eier
Salz, Pfeffer

Speckpfannkuchen

Aus Mehl, Milch und Eiern einen Teig herstellen und diesen mit einer Prise Salz abschmecken. Je Pfannkuchen vier Scheiben Speck in heißem Pflanzenöl knusprig anbraten und den Teig darüber laufen lassen. Die Pfanne in den Backofen stellen und bei 200° C ca. 5 Minuten goldgelb backen. Dieser Pfannkuchen wird nicht in der Pfanne gewendet! Das Backen im Ofen bewirkt, dass der Pfannkuchen wunderschön aufgeht.

Zubereitungszeit: ca. 10 Minuten

Tipp:
Wenn Sie beim Kochen Mehl in eine Flüssigkeit rühren, dann geben Sie das Mehl immer langsam, unter ständigem Rühren dazu – so entstehen keine Klümpchen.

(für 4 Personen)

250 g Mehl
400 ml Milch
4 Eier
1 Pr. Salz
16 Scheiben Bauchspeck
Pflanzenöl zum Braten

kochduell

Maultaschen mit Zwiebelschmelze

Aus Mehl, Eiern, Pflanzenöl und Wasser einen Teig herstellen und mit Salz abschmecken. Das Hackfleisch mit den Eiern vermischen und mit Salz und Pfeffer würzen. Den Teig ausrollen und auf eine Hälfte mit einem Löffel jeweils ca. 25 g des Hackfleischs in gleichem Abstand verteilen. Die Zwischenräume mit Eigelb einstreichen und die andere Hälfte des Maultaschenteigs darüber legen. Die Zwischenräume andrücken und in Maultaschenform herausschneiden. Die Maultaschen in kochendem Salzwasser gar kochen. Die Butter in einer heißen Pfanne aufschäumen lassen und die Zwiebelwürfel darin klar dünsten. Mit Salz abschmecken und die Maultaschen darin kurz schwenken.

Zubereitungszeit: ca. 40 Minuten

(für 4 Personen)

400 g Mehl
4 Eier
4 cl Pflanzenöl
4 cl Wasser
300 g feines Hackfleisch (halb/halb)
2 Eigelb
40 g Butter
2 Zwiebeln, gewürfelt
Salz, Pfeffer

Tipp:

Maultaschen sind nicht leicht zuzubereiten – man braucht etwas Übung. Also nicht gleich aufgeben, wenn die ersten nicht „perfekt“ gelingen.

Mariniertes Kasseler mit karamellisiertem Sauerkraut und Austernpilzen

(für 4 Personen)

320 g Kasseler, dünn geschnitten
50 ml Essig
50 ml Weißwein
100 ml Pflanzenöl
10 g Zwiebeln, gewürfelt
Zucker
200 g Sauerkraut, tafelfertig
20 g Kräuterbutter
120 g Austernpilze, geputzt
80 g Zucker
Petersilie
Schnittlauch
1 Tomate, entkernt und gewürfelt
Salz, Pfeffer

Das dünn geschnittene Kasseler auf einen Teller legen. Aus Essig, Weißwein, Pflanzenöl, den Zwiebelwürfeln, Salz, Pfeffer und etwas Zucker eine Marinade herstellen und das Fleisch damit beträufeln. Den Zucker karamellisieren lassen und das Sauerkraut dazugeben. Die Kräuterbutter in einer Pfanne schäumen lassen und die geputzten und in Scheiben geschnittenen Austernpize darin anbraten. Das Sauerkraut auf dem Kasseler verteilen und die Austernpilze darauf geben. Mit Kräutern und den Tomatenwürfeln bestreuen.

Zubereitungszeit: ca. 15 Minuten

Tipp:
Wenn Sie noch ein kleines Salatbukett in der Mitte des Tellers anrichten, haben Sie eine schöne Vorspeise oder ein kleines Gericht für zwischendurch.

Tafelspitz in Kräutermarinade mit grünem Spargel und Flusskrebsen

(für 4 Personen)

100 ml Pflanzenöl
50 ml Essig
50 ml Tafelspitzfond
10 g Zwiebeln, gewürfelt
20 g frische Gartenkräuter, gehackt
Zucker
320 g Tafelspitz, gekocht und in dünne Scheiben geschnitten
16 grüne Spargelstangen, gekocht
16 Flusskrebsschwänze
Salz, Pfeffer

Aus Pflanzenöl, Essig, Tafelspitzfond, Zwiebelwürfeln und Gartenkräutern eine Marinade zubereiten und mit Salz, Pfeffer und Zucker abschmecken. Den Tafelspitz mit der Marinade übergießen und 5 Minuten ziehen lassen. Danach die Spargelspitzen und Flusskrebsschwänze darauf anrichten. Fertig!

Zubereitungszeit: ca. 15 Minuten

Tipp:
Flusskrebsschwänze bekommen Sie im Einzelhandel, schon gekocht und ausgebrochen, so ersparen Sie sich viel Arbeit.

Fisch und Meeresfrüchte

Ob früher wirklich alles besser war, weiß ich nicht, aber es ist sicher interessant, einige alte Rezepte hervorzuholen. Fisch und Muscheln auf traditionelle Art zubereitet, wie es mir meine Mutter gezeigt hat, ist ein besonderes Vergnügen und ein Genuss, den man nicht jeden Tag hat.

Rheinische Muscheln

(für 4 Personen)

20 g Butter
1 Zwiebel, gewürfelt
1/2 Sellerieknolle, gewürfelt
1 Karotte, gewürfelt
1/2 l trockener Weißwein
1/2 l Wasser
1 Lorbeerblatt
2 kg Miesmuscheln
Salz, Pfeffer

Die Butter in einem großen Topf schäumen lassen und die Zwiebel, den Sellerie und die Karotte kurz darin anschwitzen. Weißwein, Wasser, Lorbeerblatt, Muscheln, Salz und reichlich Pfeffer dazugeben und mit geschlossenem Deckel bei starker Hitze ca. 10 Minuten kochen lassen. Die Muscheln in einem tiefen Teller mit etwas Fond servieren. Dazu Schwarzbrot reichen.

Zubereitungszeit: ca. 15 Minuten

Tipp:
Damit keine Vergiftungsgefahr besteht, sollten Muscheln nur lebend verarbeitet werden. Grundsätzlich gilt: Sind die Muscheln fest verschlossen, leben sie. Doch auch wenn sie geöffnet sind, bedeutet das nicht zwingend, dass sie bereits tot sind. Mit einem Trick lässt sich dies herausfinden: Werfen Sie die Muscheln dazu in Eiswasser. Geöffnete, lebende Muscheln werden sich sofort schließen, wohingegen tote Muscheln geöffnet bleiben. Sortieren Sie dann einfach die offenen Muscheln aus.

Hamburger Pannfisch

(für 4 Personen)

1 kg Pellkartoffeln
2 cl Pflanzenöl
100 g Speck, gewürfelt
1 Zwiebel, in Streifen geschnitten
20 g Butter
500 g gekochter Fisch
frischer Dill, gehackt
frische Petersilie, gehackt
etwas Zitronensaft
Salz, Pfeffer

Die Pellkartoffeln in Scheiben schneiden und im heißen Fett wie Bratkartoffeln anbraten. Den Speck und die Zwiebeln dazugeben. Wenn alles schön braun und knusprig ist, Butter und den in Stücke gezupften Fisch dazugeben. Mit Dill, Petersilie, Zitronensaft, Salz und Pfeffer abschmecken.

Zubereitungszeit: ca. 15 Minuten

Tipp:
Hamburger Pannfisch war früher ein typisches „Arme-Leute-Essen“, bei dem die Fischreste vom Vortag verarbeitet wurden. Wenn Sie Fisch kaufen, nehmen Sie am besten Seelachs oder Kabeljau. Dieses Gericht serviert man traditionell mit Sauergemüse wie z.B. Essiggurken. Übrigens, durch eine leckere Senfsauce wird dieses traditionelle Gericht auf raffinierte Weise verfeinert.

Labskaus

Die Zwiebelwürfel in dem Schmalz anziehen lassen, Rindfleisch, Salzheringe, Kartoffeln und die Rote Bete durch den Fleischwolf drehen, zu den Zwiebeln geben und das Ganze bei geringer Hitze langsam erwärmen. Wenn das Labskaus zu fest wird, etwas Brühe aufgießen. Mit Senf, Salz und Pfeffer abschmecken. Geben Sie beim Anrichten auf jede Portion ein Spiegelei und garnieren das Ganze mit Roter Bete und Gewürzgurken.

Zubereitungszeit: ca. 40 Minuten

(für 4 Personen)

2 Zwiebeln, gewürfelt
30 g Schmalz
400 g gepökeltes Rindfleisch, gekocht
2 Salzheringsfilets
400 g Kartoffeln, gekocht
150 g Rote Bete aus dem Glas
4 Gewürzgurken
1 TL Senf
4 Spiegeleier
Salz, Pfeffer

Matjesfilet „Hausfrauenart“

Zwiebel, Apfel und Essiggurken schälen und in Streifen schneiden. Mit Crème fraîche und saurer Sahne verrühren und mit Zucker, Salz und Pfeffer abschmecken. Vor dem Servieren die Sauce über die Matjesfilets geben.

Zubereitungszeit: ca. 15 Minuten

Tipp:
Sie können an Stelle der Matjesfilets natürlich auch die etwas preisgünstigeren Heringsfilets verwenden.

(für 4 Personen)

1 Zwiebel
1 Apfel
2 Essiggurken
150 g Crème fraîche
200 ml saure Sahne
Zucker
8 Matjesfilets
Salz, Pfeffer

Forelle blau

Aus dem Gemüse, den Gewürzen, Wasser und Wein einen Fond herstellen und mit Salz, Essig und Dill abschmecken. Die Forellen mit etwas Essig übergießen und im Fond gar ziehen lassen. Die Forelle mit dem Gemüse aus dem Fond anrichten und mit zerlassener Butter servieren.
Als Beilage empfehle ich Petersilien-Kartoffeln und einen frischen grünen Salat.

Zubereitungszeit: ca. 20 Minuten

Tipp:
Die Forelle wird nur blau, wenn sie ganz frisch ist und von einer feinen Schleimschicht überzogen ist.

(für 4 Personen)

1 Karotte, in feinen Streifen
$^{1}/_{2}$ Lauchstange, in feinen Streifen
$^{1}/_{4}$ Sellerieknolle, in feinen Streifen
$^{1}/_{4}$ Zwiebel, in feinen Streifen
1 Lorbeerblatt
2 Nelken
10 Pfefferkörner, zerdrückt
$^{1}/_{2}$ l Wasser
100 ml Weißwein
etwas Essig
frischer Dill, gehackt
4 Forellen
Salz
Butter

Heringsstipp

(für 4 Personen)

1 Zwiebel
2 Essiggurken
100 g Mayonnaise
50 g saure Sahne
frischer Dill, gehackt
Zucker
500 g Heringsfilet
Salz, Pfeffer

Zwiebel und Essiggurke schälen und in dünne Scheiben schneiden. Mit der Mayonnaise und der sauren Sahne verrühren und etwas gehackten Dill hinzugeben. Das Ganze mit Salz, Pfeffer und Zucker abschmecken. Die Heringsfilets in mundgerechte Stücke schneiden und unter die Sauce geben.

Zubereitungszeit: ca. 20 Minuten

Tipp:
Es gibt zwei Varianten des Heringsstipp, eine weiße und eine rote. Aus der oben beschriebenen weißen Variante können Sie schnell die rote Abwandlung zaubern. Mischen Sie einfach einige Streifen Rote Bete unter die weiße Variante und fertig ist der rote Heringsstipp.

Schollenfilet „Müllerin“

(für 4 Personen)

800 g Schollenfilet
1 Zitrone
etwas Mehl zum Mehlieren
4 cl Pflanzenöl
40 g Butter
frische Petersilie, gehackt
Salz, Pfeffer

Schollenfilet salzen und mit etwas Zitronensaft beträufeln, mit Mehl bestäuben und in heißem Pflanzenöl von beiden Seiten goldbraun anbraten. Die Filets aus der Pfanne nehmen, Butter hineingeben und bräunen lassen. Zitronensaft, Salz, Pfeffer und die gehackte Petersilie dazugeben und die Schollenfilets für 3–4 Minuten wieder hineinlegen. Beim Anrichten mit Scheiben von geschälter Zitrone und mit Petersilie ausgarnieren.

Zubereitungszeit: ca. 20 Minuten

Tipp:
Viele Köche geben der gebräunten Butter noch einige Tropfen Worcestersauce bei, dadurch wird das Schollenfilet würziger.

Frischer Fisch

Fische sind durch den hohen Eiweißgehalt leicht verderblich. Deshalb sollte man immer auf einige Punkte achten, die frischen Fisch auszeichnen: Frischer Fisch darf nicht zu streng riechen, das Fleisch sollte fest und die Haut straff sein. Am besten erkennt man frischen Fisch an den klaren Augen und den roten Kiemen.

Seeteufelkrapfen auf feinem Kartoffelsalat

Aus Pflanzenöl, Essig, Brühe und Zwiebeln eine Marinade zubereiten und über die Kartoffelscheiben geben. Gurken- und Tomatenwürfel sowie den Dill untermischen.
Aus Mehl, Milch und Ei einen Teig herstellen, salzen und pfeffern. Die gewürzten Seeteufelmedaillons mehlieren und durch den Teig ziehen. In der Friteuse goldgelb ausbacken. Saure Sahne mit Zitronensaft, Salz, Pfeffer und Zucker abschmecken. Die Seeteufelkrapfen auf dem Kartoffelsalat anrichten und die Sauce um den Fisch träufeln.

Zubereitungszeit: ca. 30 Minuten

Tipp:
Wenn Sie den Kartoffelsalat anmachen, lassen Sie diesen einige Stunden durchziehen, das intensiviert den Geschmack.

(für 4 Personen)

400 g Pellkartoffeln, gekocht und in Scheiben geschnitten
100 ml Pflanzenöl
50 ml Essig
10 g Zwiebelwürfel
20 g Essiggurken, geschält und gewürfelt
50 ml Brühe
1 Tomate, entkernt und gewürfelt
frischer Dill, gehackt
4 Seeteufelmedaillons zu je 80 g
150 g Mehl
5 cl Milch
20 g Öl
1 Ei
100 ml saure Sahne
etwas Zitronensaft
Zucker
Salz, Pfeffer

Seelachsfilet mit Blattspinat gratiniert auf Kartoffel-Lauchsauce

(für 4 Personen)

800 g Seelachsfilet
2 cl Pflanzenöl
200 g Blattspinat, geputzt und blanchiert
30 g zerlassene Butter
2 Eigelb
50 g Parmesan, gerieben
40 g Sahne, geschlagen
Muskatnuss
20 g Zwiebelwürfel
20 g Butter
4 cl Weißwein
300 ml Sahne
100 ml Fischfond
30 g Lauch, in feine Streifen geschnitten
30 g Kartoffelwürfel
frischer Dill, gehackt
Zitronensaft
etwas Speisestärke zum Abbinden
Salz, Pfeffer

Das Seelachsfilet portionieren, würzen und in heißem Pflanzenöl anbraten. Den Blattspinat mit der aufgelösten Butter, Salz, Pfeffer und Muskatnuss abschmecken und auf den Fisch geben. Die Eigelb mit dem Parmesan und der geschlagenen Sahne verrühren und auf dem Blattspinat verteilen. Im Backofen bei Oberhitze ca. 10 Minuten garen.
Zwiebeln in der Butter anschwitzen, mit Weißwein ablöschen und mit Sahne und Fischfond auffüllen. Die Sauce etwas reduzieren lassen und mit in Wasser aufgelöster Speisestärke abbinden. Die Sauce mit Salz, Pfeffer, Zitronensaft und Dill abschmecken. Die Kartoffelwürfel und Lauchstreifen separat in Salzwasser garen und als Einlage in die Sauce geben.

Zubereitungszeit: ca. 30 Minuten

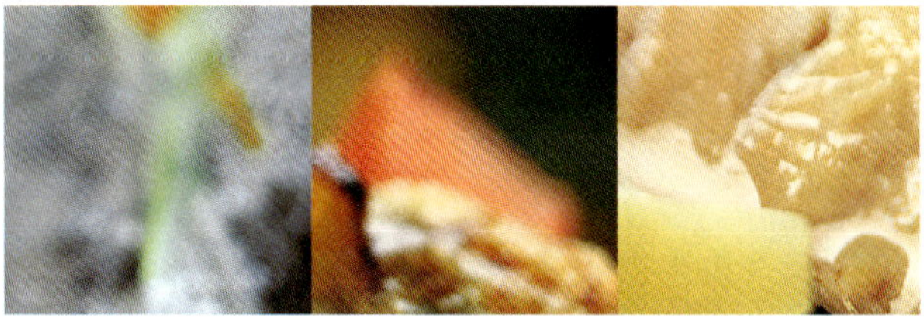

Zanderfilet im Reibekuchenmantel auf Sauerkrautsauce

(für 4 Personen)

2 Kartoffeln, geschält
1 Ei
800 g Zanderfilet mit Haut, geschuppt
80 g Sauerkraut, tafelfertig
1/2 Zwiebel, gewürfelt
2 cl Pflanzenöl
4 cl Weißwein
200 ml Sahne
100 ml Fischfond
etwas Speisestärke zum Abbinden
Salz, Pfeffer

Die Kartoffeln reiben und mit dem Ei vermischen. Den Reibekuchenteig mit Salz und Pfeffer würzen. Das Zanderfilet ebenfalls mit Salz und Pfeffer würzen und auf einer Seite mit Reibekuchenteig belegen. Den Fisch mit der Reibekuchenseite in der Pfanne goldgelb anbraten, wenden und auch die andere Seite kurz in Olivenöl anbraten. Schließlich im Backofen bei 180° C ca. 10 Minuten zu Ende garen.
Die Zwiebelwürfel in Pflanzenöl glasig dünsten, mit Weißwein ablöschen und mit Sahne und Fischfond auffüllen. Die Sauce leicht einkochen lassen und mit etwas in Wasser aufgelöster Speisestärke abbinden. Das Sauerkraut in die Sauce geben und kurz aufkochen lassen.

Zubereitungszeit: ca. 30 Minuten

Tipp:
Wenn Sie den Fisch mit der Reibekuchenseite anbraten, sollten Sie reichlich Öl in die Pfanne geben.

Fleisch, Wild und Geflügel

Nichts ist typischer für Hausmannskost als Fleischgerichte aller Art. Der Sonntagsbraten oder Klöße in üppigen Saucen gehören zu einem deftigen Essen unbedingt dazu. In diesem Kapitel möchte ich Ihnen eine Palette klassischer Fleisch-, Wild- und Geflügelgerichte aus ganz Deutschland präsentieren.

kochduell

Jägerschnitzel

Die Schweineschnitzel mit Salz und Pfeffer würzen, mehlieren, durch das aufgeschlagene Ei ziehen und im Paniermehl wenden. Das Pflanzenöl in eine heiße Pfanne geben und die Schweineschnitzel darin auf beiden Seiten goldgelb anbraten.

Speck und Zwiebelwürfel in der Butter angehen lassen, die Champignons in Scheiben schneiden und dazugeben. Mit Sahne und der braunen Grundsauce auffüllen. Sauce ca. 10 Minuten köcheln lassen und mit in Wasser aufgelöster Speisestärke abbinden. Mit Salz, Pfeffer und etwas Zitronensaft abschmecken.
Als Beilage empfehle ich Bratkartoffeln (siehe S. 81) und einen knackigen Salat Ihrer Wahl.

Zubereitungszeit: ca. 30 Minuten

Tipp:
Champignons nicht waschen, da sie sich sonst mit Wasser vollziehen. Reiben Sie die Erde einfach mit einem feuchten Tuch ab. Natürlich können Sie auch Champignons aus der Dose nehmen, doch die frischen sind wesentlich geschmackvoller.

(für 4 Personen)

4 Schweineschnitzel
Mehl
1 Ei
Paniermehl
100 ml Pflanzenöl

Für die Sauce:
30 g Speck, fein gewürfelt
1 Zwiebel, gewürfelt
20 g Butter
250 g Champignons
200 ml Sahne
100 ml braune Grundsauce
etwas Speisestärke zum Abbinden
frische Petersilie, gehackt
etwas Zitronensaft
Salz, Pfeffer

Mehr Geschmack für Wildsauce

Sollte Ihre Wildsauce einmal nicht stark genug nach Wild schmecken, geben Sie einfach gebratenen, geräucherten Speck, Wacholderbeeren, Wacholderbeerschnaps oder etwas Roquefort- oder Blauschimmelkäse in die Sauce.

Geschmorte Hasenkeule mit Preiselbeersauce

(für 4 Personen)

4 Hasenkeulen
2 cl Pflanzenöl
1/2 Karotte
1/4 Sellerieknolle
1 Zwiebel, geschält
30 g Tomatenmark
200 ml Rotwein
10 Wacholderbeeren, zerdrückt
2 Nelken
1 Lorbeerblatt
100 ml Sahne
100 ml saure Sahne
etwas Speisestärke zum Abbinden
40 g Preiselbeerkonfitüre
Salz, Pfeffer

Die Hasenkeulen mit Salz und Pfeffer würzen und in heißem Pflanzenöl scharf von allen Seiten anbraten – dann herausnehmen. Karotte, Sellerie und Zwiebel in grobe Würfel schneiden und anbraten, Tomatenmark dazugeben und anrösten. Rotwein, Wacholderbeeren, Nelken und Lorbeerblatt dazugeben. Mit Wasser auffüllen und die angebratenen Hasenkeulen in den Fond legen (die Hasenkeulen müssen mit Flüssigkeit bedeckt sein). Das Fleisch ca. 50 Minuten kochen, dann herausnehmen, den Fond durch ein feines Sieb geben und dickflüssig einkochen. Die Sahne dazugeben und weiter reduzieren. Die Sauce mit in Wasser aufgelöster Speisestärke abbinden und die Preiselbeeren darin verrühren. Mit Salz und Pfeffer abschmecken und die Hasenkeulen wieder in die Sauce legen.
Als Beilage empfehle ich Spätzle (siehe S. 83) und Speckrosenkohl (siehe S. 69).

Zubereitungszeit: ca. 80 Minuten

Senf

Senf fördert sowohl die Verdauung als auch die Durchblutung und sollte häufig in Ihrer Küche Verwendung finden. Ist der Senf einmal etwas eingetrocknet, und Sie haben keinen frischen mehr, rühren Sie einfach etwas Öl, Essig und eine Prise Zucker unter und er wird wieder flüssig.

Rinderroulade

Die Rinderrouladen ausbreiten, mit Senf bestreichen und jeweils eine halbe Gewürzgurke quer auf das Fleisch legen. Speck und eine Zwiebel würfeln, anschwitzen und in die Mitte des Fleisches legen. Von der kürzeren Querseite aus leicht einschlagen und von unten aufrollen. Das Fleisch mit einem Zahnstocher fixieren. Die Rouladen in heißem Pflanzenöl scharf anbraten, herausnehmen und das Gemüse in der Pfanne anbraten. Tomatenmark dazugeben und abrösten. Zunächst mit Rotwein ablöschen, dann mit Wasser auffüllen und mit den Kräutern aufkochen lassen.
Die Rinderrouladen hineinlegen und gar kochen. Das Fleisch anschließend herausnehmen, die Sauce durch ein feines Sieb gießen und einkochen. Eventuell mit etwas Speisestärke binden und mit Salz und Pfeffer abschmecken.
Die fertige Sauce über die Rouladen geben und servieren.
Als Beilage empfehle ich Rotkohl (siehe S. 70) und Kartoffelpüree (siehe S. 81).

Zubereitungszeit: ca. 90 Minuten

Tipp:
Wenn Sie die Rinderrouladen am Vortag einrollen, verkürzt sich die Garzeit, da der Senf das Fleisch zarter macht.

(für 4 Personen)

4 Rinderrouladen (vom Metzger schneiden lassen)
80 g Senf
2 große halbierte Gewürzgurken
60 g Speck, gewürfelt
2 Zwiebeln, geschält
1 Karotte, geschält und gewürfelt
1/4 Sellerieknolle, geschält und gewürfelt
40 g Tomatenmark
400 ml Rotwein
5 Wacholderbeeren, zerdrückt
1 Nelke
8 Pfefferkörner
4 cl Pflanzenöl
eventuell etwas Speisestärke zum Abbinden
Salz, Pfeffer

kochduell

Kohlroulade mit Specksauce

(für 4 Personen)

Für die Kohlroulade:
800 g Hackfleisch (halb/halb)
½ Zwiebel, gewürfelt
2 Eier
Majoran
4 große, abgekochte Blätter vom Weißkohl
200 ml Fleischbrühe

Das Hackfleisch mit den Zwiebelwürfeln, Eiern und Majoran vermischen und mit Salz und Pfeffer abschmecken. Die Kohlblätter ausbreiten und das Hackfleisch auf der Blattmitte verteilen. Dann von außen nach innen einschlagen und von unten nach oben einrollen. Die Kohlblätter werden nun mit Zahnstochern fixiert, damit diese beim Garen nicht aufgehen. Die Rouladen in eine feuerfeste Form geben und die Fleischbrühe angießen. Im Backofen bei 180° C ca. 30 Minuten garen.

Für die Specksauce:
½ Zwiebel, gewürfelt
40 g Speck, gewürfelt
20 g Butter
100 ml Rotwein
100 ml braune Grundsauce
100 ml Fond von den gegarten Kohlrouladen
etwas Speisestärke zum Abbinden
Salz, Pfeffer

Zwiebel- und Speckwürfel in Butter anschwitzen, mit Rotwein ablöschen und mit der Grundsauce und dem Fond aus den gekochten Rouladen auffüllen. Auf die Hälfte einkochen, mit in Wasser aufgelöster Speisestärke abbinden und mit Salz und Pfeffer abschmecken.
Als Beilage empfehle ich Kartoffelpüree (siehe S. 81).

Zubereitungszeit: ca. 60 Minuten

Fleisch, zäh wie Leder?

Zähes Fleisch wird zarter, wenn Sie es mit einigen dünnen Kiwischeiben belegen. Kiwis enthalten Enzyme, welche das Fleisch weicher machen. Leber und Innereien sollten Sie niemals vor dem Braten salzen, da das Salz dem Fleisch Flüssigkeit entzieht und es somit fest werden lässt. Ein Schmorbraten wird zarter, wenn Sie die Fleischstücke einige Tage in Rotwein legen. Mit dem Rotwein können Sie anschließend die Sauce verfeinern.

Westfälischer Pfefferpotthast

(für 4 Personen)

1 kg Rindfleisch, gewürfelt
1 kg Zwiebelscheiben
2 l Wasser
30 Pfefferkörner, zerdrückt
10 Pimentkörner, zerdrückt
5 Zitronenscheiben
frisches Weißbrot, gerieben
25 g Kapern, gehackt
frische Petersilie, gehackt
Salz, Pfeffer

Das Rindfleisch mit den Zwiebeln anschwitzen, mit Wasser auffüllen und aufkochen. Die Pfeffer- und Pimentkörner sowie die Zitronenscheiben in etwas Wasser aufkochen und den entstandenen Fond zum Fleisch geben. Wenn das Fleisch gar ist, wird der Fond mit geriebenem Weißbrot angedickt und mit Salz, Pfeffer und den Kapern abgeschmeckt.
Das fertige Gericht wird mit frisch gemahlenem Pfeffer und gehackter Petersilie bestreut.
Als Beilage empfehle ich Salzkartoffeln und Rote Bete.

Zubereitungszeit: ca. 90 Minuten

Tipp:
Früher hat man die Gewürze in ein Tuch gegeben, es zugebunden und zusammen mit Flüssigkeit gekocht, um es später wieder herauszunehmen. Eine Reduktion lässt sich aber schneller herstellen und ist hygienischer.

Sauce binden

Saucen, die mit klassischer Mehlschwitze (Mehl mit kaltem Wasser anrühren) gebunden werden, schmecken häufig etwas mehlig. Lassen Sie die Sauce einfach 10 Minuten köcheln, dann verliert sich der Mehlgeschmack. Sie können auch ganz auf Mehl verzichten und Ihre Sauce mit in Wasser aufgelöster Speisestärke binden, diese ist fast geschmacksneutral.

Hackbraten in Pfeffersauce

(für 4 Personen)

Für den Hackbraten:
800 g Hackfleisch (halb/halb)
1 Zwiebel, gewürfelt
3 Eier
20 g Senf
3 Scheiben Weißbrot

Hackfleisch, Zwiebel, Eier, Senf und das in feine Würfel geschnittene Weißbrot in eine Schüssel geben und vermischen. Die Hackfleischmasse mit Salz und Pfeffer würzen, in eine gefettete und feuerfeste Form geben und im vorgeheizten Backofen bei 180° C ca. 50 Minuten garen.

Für die Pfeffersauce:
½ Zwiebel, gewürfelt
20 g Butter
4 cl Weißwein
200 ml Sahne
100 ml braune Grundsauce
10 g grüne Pfefferkörner aus dem Glas (mit Saft)
40 g Crème fraîche
etwas Speisestärke zum Abbinden
Salz, Pfeffer

Die Zwiebelwürfel in der Butter andünsten, mit Weißwein ablöschen und mit Sahne und brauner Grundsauce auffüllen. Die Pfefferkörner mit etwas Fond aus dem Glas dazugeben und alles 5 Minuten köcheln lassen. Die Sauce mit etwas in Wasser aufgelöster Speisestärke abbinden, mit Salz und Pfeffer abschmecken und mit Crème fraîche verfeinern.
Als Beilage empfehle ich Bratkartoffeln (siehe S. 81) und Rahmwirsing (siehe S. 68).

Zubereitungszeit: ca. 60 Minuten

Rheinischer Sauerbraten

(für 4 Personen)

1 kg Rinderbraten
1/2 l Wasser
1/4 l Rotweinessig
200 ml Rotwein
2 Zwiebeln, geschält
1 Karotte, geschält
1/4 Sellerieknolle, geschält
10 Pfefferkörner, zerstoßen
2 Wacholderbeeren, zerdrückt
2 Nelken
1 Lorbeerblatt
4 cl Pflanzenöl
40 g Tomatenmark
80 g Rosinen
40 g geröstete Mandelblätter
1 Scheibe Schwarzbrot
20 g Rübenkraut
frische Petersilie, gehackt
etwas Speisestärke zum Abbinden
Salz, Pfeffer

Wasser, Rotweinessig, Wacholder, Nelke, Pfefferkörner und Lorbeerblatt in eine Schüssel geben. Die Karotte, die Zwiebeln und den Sellerie in walnussgroße Stücke schneiden und zusammen mit dem Rindfleisch in die Marinade legen. Das Fleisch sollte mindestens 48 Stunden in der Essigmarinade liegen. Dann den Sauerbraten aus der Marinade nehmen und das Gemüse sowie die Kräuter heraussieben. Das Pflanzenöl erhitzen und das Rindfleisch von allen Seiten scharf anbraten, sodass sich die Poren schließen. Das Gemüse in die Pfanne geben und anrösten, Tomatenmark dazugeben und wiederum anrösten. Mit Rotwein ablöschen und mit der Essigbrühe auffüllen. Den Sauerbraten gar kochen und aus der Sauce nehmen.
Die Sauce durch ein feines Sieb geben, mit dem zerbröselten Schwarzbrot einkochen und mit Salz, Pfeffer und Rübenkraut abschmecken. Wenn nötig die Sauce mit etwas Speisestärke binden und die Rosinen in der heißen Sauce quellen lassen. Das Fleisch in Scheiben schneiden, die Sauce mit den Rosinen darüber geben und mit Mandeln und der gehackten Petersilie bestreuen. Als Beilage empfehle ich Kartoffelklöße (siehe S. 78) und Apfelkompott.

Zubereitungszeit: ca. 120 Minuten

Tipp:
Rindfleischstücke haben eine sehr verschiedene Garzeit. Deshalb sollten Sie nach 90 Minuten mit einer Fleischgabel mitten in den Sauerbraten stechen. Wenn sich das Fleischstück von alleine von der Gabel löst, ist es gar. Ansonsten sollten Sie diese Prozedur alle 10 Minuten wiederholen.

Wild ist fettarm, eiweißreich und bekömmlich. Grundsätzlich bereiten Sie Wildfleisch genauso zu wie jedes andere Fleischgericht. Wichtig ist, dass Sie das Fleisch zum Schutz vor Bakterien stets gut durchbraten.

Kaninchenschlegel mit Backobst

(für 4 Personen)

4 Kaninchenkeulen
2 cl Pflanzenöl
20 g Butter
½ Zwiebel, gewürfelt
20 g Aprikosenmarmelade
etwas Speisestärke zum Abbinden
30 g Backpflaumen
30 g gedörrte Aprikosen
200 ml Rotwein
400 ml braune Grundsauce
Salz, Pfeffer

Kaninchenkeulen mit Salz und Pfeffer würzen und in heißem Pflanzenöl anbraten. Die Keulen wieder herausnehmen und das Fett abschütten. Butter in die Pfanne geben, die Zwiebelwürfel darin anschwitzen, anschließend mit Rotwein ablöschen und mit der braunen Grundsauce auffüllen. Die Kaninchenkeulen in die Flüssigkeit geben und mit einem Deckel im Backofen bei 180° C ca. 30 Minuten garen lassen. Die Keulen entfernen und die Sauce durch ein feines Sieb geben. Die Aprikosenmarmelade dazugeben und die Sauce mit in Wasser aufgelöster Speisestärke abbinden. Die Backpflaumen und die Aprikosen halbieren und in der Sauce erhitzen. Das Ganze mit Salz und Pfeffer abschmecken und über die Kaninchenkeulen geben.
Als Beilage empfehle ich Schupfnudeln (siehe S. 82) und Schwarzwurzelgemüse (siehe S. 66).

Zubereitungszeit: ca. 50 Minuten

Tipp:
Wenn Sie ein Gericht mit brauner Grundsauce oder Fleischbrühe auffüllen, ist die Qualität sehr wichtig, da der Geschmack der Sauce durch diese Zutaten maßgeblich bestimmt wird. So ist es immer am besten einen frischen Fond herzustellen.

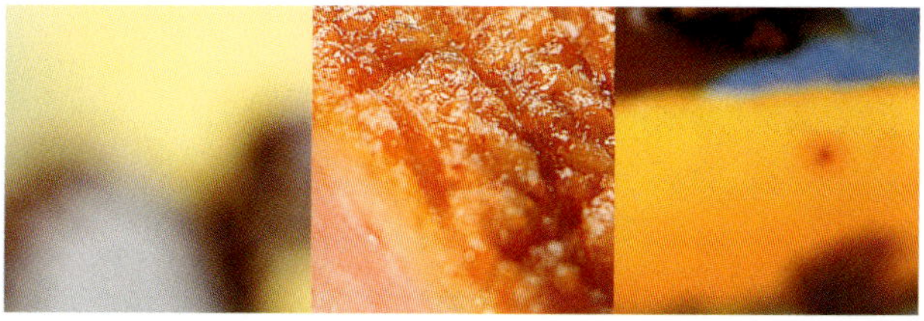

Weihnachtsgans mit Maronen und Bratapfel

(für 4 Personen)

1 Gans (ca. 3-4 kg)
3 Äpfel
1 kg Kastanien, gekocht und geschält
1 Zwiebel
1 Karotte
20 g Tomatenmark
200 ml Rotwein
200 ml Fleischbrühe
Majoran
Beifuß
1 Lorbeerblatt
etwas Speisestärke zum Abbinden
Salz, Pfeffer

Den Hals und die Flügel von der Gans abtrennen und in walnussgroße Stücke schneiden. Die Äpfel schälen, entkernen, in Scheiben schneiden, mit den Kastanien vermischen und in die Gans füllen. Die zerkleinerten Flügel und den Hals in eine Pfanne geben und die mit Salz und Pfeffer gewürzte Gans darauf setzen.
Im Ofen ca. $1\frac{1}{2}$ bis 2 Stunden bei 180° C braten. In der letzten halben Stunde ab und zu mit dem entstandenen Saft begießen.
Die Gans herausnehmen, das Gänseschmalz abschütten (Gänseschmalz aufbewahren und zum Kochen verwenden), das gewürfelte Gemüse in die Pfanne geben und auf dem Herd anbraten lassen.
Tomatenmark dazugeben und rösten, mit Rotwein ablöschen und mit Fleischbrühe aufgießen. Majoran, Beifuß und Lorbeerblatt dazugeben. Die Sauce 10 Minuten köcheln lassen und durch ein Sieb geben. Mit in Wasser aufgelöster Speisestärke wird die Sauce nun abgebunden und mit Salz und Pfeffer abgeschmeckt.
Als Beilage empfehle ich Rotkohl (siehe S. 71) und Kartoffelklöße (siehe S. 78).

Zubereitungszeit: ca. 130 Minuten

Tipp:
Gekochte und geschälte Kastanien sind fertig im Einzelhandel erhältlich, so spart man sich das mühselige Schälen und Kochen.

Das Fleisch ist zu fett?

Fettes Fleisch am besten mit etwas Wasser kalt und ohne es anzubraten in den Ofen geben, damit das Fett herauslaufen kann. Wenn Sie das Fleisch scharf anbraten, schließen sich die Poren und das Fett bleibt drin.

Gefüllte Kalbsbrust mit Pilzen

(für 4 Personen)

1 kg Kalbsbrust
1/2 Zwiebel, gewürfelt
1 Knoblauchzehe
20 g Thymian
20 g Butter
100 g Champignons
100 g Austernpilze
2 Eier
4 Scheiben Weißbrot mit Rinde
frische Petersilie, gehackt
4 cl Pflanzenöl
1 Zwiebel
1 Karotte
30 g Tomatenmark
100 ml Rotwein
etwas Speisestärke zum Abbinden
Salz, Pfeffer

In die Mitte der Kalbsbrust wird eine Tasche geschnitten. Die Zwiebelwürfel mit der gehackten Knoblauchzehe und dem Thymian in der Butter anziehen, die geputzten und in Scheiben geschnittenen Pilze dazugeben und die Masse auskühlen lassen. Die Eier, das Weißbrot und die Petersilie untermengen und mit Salz und Pfeffer abschmecken. Die Masse in die Ochsenbrust füllen, diese mit Salz und Pfeffer würzen und im heißen Pflanzenfett anbraten. Anschließend herausnehmen, die grob gewürfelte Zwiebel und die Karotte anbraten, das Tomatenmark mit anrösten und schließlich mit dem Rotwein ablöschen. Die Sauce mit ca. 400 ml Wasser auffüllen. Die Kalbsbrust hineingeben und im Ofen bei 180° C mindestens eine Stunde garen. Das Fleisch herausnehmen und die Sauce durch ein Sieb geben, mit in Wasser aufgelöster Speisestärke abbinden und mit Salz und Pfeffer würzen. Das Fleisch in Scheiben schneiden und die Sauce dazugeben.
Als Beilage empfehle ich Spätzle (siehe S. 83) und Blumenkohl polnisch (siehe S. 73).

Zubereitungszeit: ca. 80 Minuten

Tipp:
Bei dunklen Saucen ist es sehr schmackhaft, wenn Sie kurz vor dem Anrichten eine kalte Butterflocke mit dem Schneebesen unter die Sauce rühren („montieren“).

Ente und Gans

Ente und Gans sollten ca. 15 Minuten vor Ende der Garzeit mit Salzwasser eingepinselt werden. Dadurch wird die Haut schön braun und knusprig.

Barbarieentenbrust auf Orangen-Schwarzbrotsauce

(für 4 Personen)

4 weibliche Barbarieentenbrüste
20 g Zucker
200 ml Orangensaft
300 ml braune Grundsauce
40 g Pumpernickel, fein gewürfelt
1 Orange in Filets
Salz, Pfeffer

Die Barbarieentenbrust rosa braten. Den Zucker karamellisieren, mit Orangensaft aufgießen und zu einem Sirup herunterkochen. Die braune Grundsauce zum Sirup geben und aufkochen. Die Pumpernickelwürfel und die Orangenfilets in die Sauce geben und kurz ziehen lassen.

Zubereitungszeit: ca. 30 Minuten

Tipp:
Wenn Sie möchten, können Sie diese Sauce mit 20 g kalter Butter montieren.

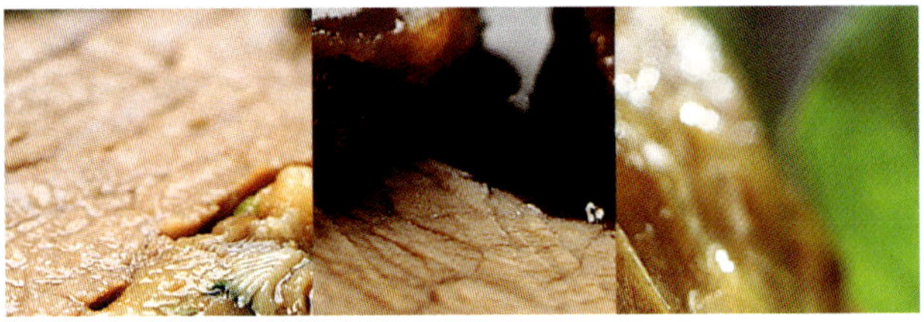

Jungschweinlende mit Brotkruste auf Malzbiersauce

(für 4 Personen)

800 g Schweinefilet
2 cl Pflanzenöl
60 g Butter
20 g Zwiebelwürfel
200 g Mehrkornbrot, fein gewürfelt
1 Ei
10 g Senf
10 g frische Petersilie, gehackt
400 ml Malzbier
300 ml braune Grundsauce
30 g Butter
Salz, Pfeffer

Schweinefilet in vier Portionen schneiden, mit Salz und Pfeffer würzen und in heißem Pflanzenöl anbraten.
Butter zum Schäumen bringen, die Zwiebelwürfel darin anschwitzen und zusammen mit dem Brot in eine Schüssel geben. Ei, Senf und Petersilie untermischen und mit Salz und Pfeffer abschmecken. Die Brotmasse auf dem Schweinefilet verteilen und zusammen im Ofen garen.
Das Malzbier um 3/4 reduzieren und die braune Grundsauce damit verkochen. Kalte Butter mit einem Schneebesen unter die Sauce rühren („montieren").

Zubereitungszeit: ca. 30 Minuten

Tipp:
Sie können für dieses Rezept jede Art von Brot nehmen, ganz nach Ihrem Geschmack.

Quer durch den Garten

Ein köstlich zubereiteter Fisch oder ein zartes Stück Fleisch ohne dazu passendes Gemüse? Undenkbar! Es müssen aber auch nicht immer Erbsen, Möhren oder Leipziger Allerlei sein. Es gibt viele köstliche Varianten Gemüse zuzubereiten, so dass man für jedes Gericht die optimale Beilage findet.

kochduell

Schwarzwurzel-gemüse

Schwarzwurzeln gründlich waschen und mit einem Sparschäler schälen. Schwarzwurzeln in ca. 10 cm lange Stücke schneiden und in Zitronenwasser lagern, damit sie nicht braun werden. Die Schwarzwurzelstücke in kochendem Salzwasser mit Zucker, Salz und Zitronensaft abkochen und in kaltem Wasser abschrecken. Sahne mit der Brühe aufkochen, mit Salz, Pfeffer und Muskatnuss abschmecken und mit Speisestärke leicht abbinden. Die Tomate entkernen, würfeln und mit dem geschnittenen Schnittlauch sowie den Schwarzwurzeln in die Sauce geben.

Zubereitungszeit: ca. 10 Minuten

Tipp:
Schwarzwurzeln werden frisch, gefroren und im Glas angeboten. Frisch schmecken sie natürlich am besten, aber auch gefrorene Schwarzwurzeln sind von guter Qualität und man erspart sich das mühselige Schälen.

(für 4 Personen)

600 g Schwarzwurzeln
1/2 Zitrone
Zucker
150 ml Sahne
50 ml Fleischbrühe
Muskatnuss
etwas Speisestärke zum Abbinden
1 Tomate
Schnittlauch
Salz, Pfeffer

Rahmwirsing

(für 4 Personen)

1 Wirsing
30 g Speck, gewürfelt
½ Zwiebel, gewürfelt
20 g Butter
100 ml Fleischbrühe
200 ml Sahne
etwas Speisestärke zum Abbinden
Muskatnuss
Salz, Pfeffer

Die äußeren Blätter entfernen und den Wirsingkopf zunächst vierteln. Dann den Strunk entfernen und den Wirsing in feine Streifen schneiden. Die Streifen in kochendem Salzwasser 5 Minuten blanchieren und in kaltem Wasser abschrecken.
Den Speck und die Zwiebeln in Butter glasig anschwitzen, Fleischbrühe mit der Sahne dazugeben und ca. 5 Minuten kochen lassen. Den Wirsing dazugeben und das Ganze aufkochen lassen. Die Flüssigkeit mit etwas in kaltem Wasser aufgelöster Speisestärke abbinden. Mit Salz, Pfeffer und Muskatnuss abschmecken.

Zubereitungszeit: ca. 15 Minuten

Tipp:
Wenn der Wirsing viele dunkelgrüne Blätter hat, sollte man diese vorher vom Kopf trennen und die Strünke herausschneiden. Diese werden dann separat in kochendem Salzwasser abgekocht, da sie eine längere Kochzeit haben als die hellgrünen Blätter.

Saure Schnibbelbohnen in Rahm

Speck und Zwiebeln im Pflanzenöl anschwitzen und mit der Sahne auffüllen. Das Bohnenkraut und die Bohnen mit der Flüssigkeit dazugeben und das Ganze durchkochen lassen. Anschließend mit in Wasser aufgelöster Speisestärke leicht abbinden. Die Schnibbelbohnen mit Salz, Pfeffer, Muskatnuss und einer Prise Zucker abschmecken.

Zubereitungszeit: ca. 12 Minuten

Tipp:
Saure Schnibbelbohnen sind mit Milchsäure vergorene Schneidebohnen, fragen Sie in Ihrem Supermarkt danach.

(für 4 Personen)

50 g Speck, gewürfelt
1 Zwiebel, gewürfelt
1 cl Pflanzenöl
300 ml Sahne
Bohnenkraut
500 g saure Schnibbelbohnen
etwas Speisestärke zum Abbinden
Muskatnuss
1 Pr. Zucker
Salz, Pfeffer

Speckrosenkohl

Den Strunk der Röschen abschneiden, die äußeren Blätter entfernen und halbieren. Die Röschen in Salzwasser abkochen. Speck und Zwiebel in Butter anschwitzen und den Rosenkohl dazugeben. Alles mit Salz, Pfeffer und Muskatnuss abschmecken.

Zubereitungszeit: ca. 12 Minuten

(für 4 Personen)

500 g Rosenkohl
30 g Speck, gewürfelt
1/2 Zwiebel, gewürfelt
20 g Butter
Muskatnuss
Salz, Pfeffer

Gemüse – das Auge isst mit

Gemüse ist reich an Vitaminen, Mineralstoffen und Ballaststoffen. Damit das Gemüse aber nicht nur gesund ist, sondern auch schmackhaft aussieht, sollten Sie folgende Tipps beachten: Rotkohl bekommt eine schöne Farbe, wenn Sie ihn einige Stunden vor dem Kochen marinieren (s. u.), auch schmeckt er dann besser. Damit frisch geschälte Schwarzwurzeln nicht braun werden, legen Sie sie in mit etwas Mehl angerührte Milch.

Apfelrotkohl

Den Rotkohl vierteln, vom Strunk befreien und in dünne Streifen schneiden. Die Äpfel schälen und entkernen, Zwiebeln schälen und in Streifen schneiden. Den Würfelspeck im Schmalz angehen lassen, die Zwiebeln dazugeben und mit Rotwein ablöschen. Anschließend mit der Fleischbrühe aufgießen. Apfelmus, Preiselbeermarmelade und Essig dazugeben. Lorbeerblatt, Nelken, Pfefferkörner und Wacholderbeeren in einen Topf geben und mit Wasser bedeckt 10 Minuten kochen lassen. Die Flüssigkeit in den Rotkohl sieben. Das Ganze zusammen ca. 30 Minuten köcheln lassen. Mit Salz, Pfeffer, Zucker und Zimt abschmecken. Die Flüssigkeit mit etwas in Wasser gelöster Speisestärke abbinden.

Zubereitungszeit: ca. 60 Minuten

Tipp:
Ein guter Rotkohl braucht drei Tage Zeit: Am ersten Tag wird der Rotkohl in feine Streifen geschnitten und mit Zwiebeln, Äpfeln, Essig, etwas Salz und Pfeffer mariniert, am zweiten Tag wird alles gekocht, wie oben beschrieben, und am dritten Tag wird der Rotkohl erwärmt und serviert – erst dann ist er richtig köstlich.

(für 4 Personen)

1 Rotkohl
2 Äpfel
2 Zwiebeln
30 g Speck, gewürfelt
20 g Schmalz
100 ml Rotwein
400 ml Fleischbrühe
100 g Apfelmus
30 g Preiselbeermarmelade
2 cl Essig
1 Lorbeerblatt
2 Nelken
10 Pfefferkörner, zerstoßen
4 Wacholderbeeren, zerdrückt
Zucker
1 Pr. Zimt
etwas Speisestärke zum Abbinden
Salz, Pfeffer

Gewürze richtig lagern

Sie sollten Gewürze immer in kleinen Mengen kaufen und trocken, dunkel und unter Luftabschluss lagern, damit sie ihren Geschmack und ihre gesundheitsfördernde Wirkung beibehalten.

Bayrischkraut

(für 4 Personen)

1 Weißkohl
1 Zwiebel, gewürfelt
2 cl Schmalz
100 ml Weißwein
400 ml Fleischbrühe
1 Msp. Kümmel
1 Lorbeerblatt
1 Nelke
2 Wacholderbeeren
1 Pr. Zucker
Salz, Pfeffer

Den Weißkohl vierteln, vom Strunk befreien und in feine Streifen schneiden. Die Zwiebel in heißem Schmalz angehen lassen, mit Weißwein ablöschen, den Kohl dazugeben und mit Fleischbrühe aufgießen. Etwas Kümmel dazugeben und alles bei geschlossenem Deckel und niedriger Hitze schmoren lassen – ab und zu umrühren. Lorbeerblatt, Nelke und Wacholderbeeren in etwas Wasser auskochen und den Fond in den Kohl passieren. Wenn der Kohl gar ist, mit Salz, Pfeffer und etwas Zucker abschmecken.

Zubereitungszeit: ca. 30 Minuten

Tipp:
Kümmel ist sehr bekömmlich und regt die Verdauung an. Damit Sie beim Essen nicht auf Kümmelkörner beißen müssen, vermischen Sie diese mit etwas Butter und hacken den Kümmel dann fein.

Sauerkraut

Zwiebel und Speck in Schmalz anschwitzen und mit Weißwein ablöschen. Sauerkraut und Fleischbrühe dazugeben und das Ganze ca. 40 Minuten kochen lassen. Nelken, Lorbeerblatt, Wacholderbeeren und Pfefferkörner in etwas Wasser auskochen und den Fond in das Sauerkraut sieben. Zur Bindung die Kartoffel fein in das Sauerkraut reiben und nochmals 5 Minuten köcheln lassen. Mit Salz, Pfeffer und Muskatnuss abschmecken.

Zubereitungszeit: ca. 60 Minuten

Tipp:
Noch schmackhafter wird das Sauerkraut, wenn Sie etwas Kasseler oder gepökeltes Fleisch mitkochen.

(für 4 Personen)

1 Zwiebel, gewürfelt
30 g Speck, gewürfelt
20 g Schmalz
2 cl Weißwein
500 g Sauerkraut
400 ml Fleischbrühe
2 Nelken
1 Lorbeerblatt
4 Wacholderbeeren, zerdrückt
5 Pfefferkörner, zerstoßen
1 Kartoffel, geschält
Zucker
Salz, Pfeffer

Blumenkohl polnisch

Den Blumenkohl vom Strunk befreien, in Röschen schneiden und ca. 10 Minuten in Salzwasser gar kochen. Butter erhitzen, Paniermehl unterheben, das Ei hacken und dazugeben. Alles mit Salz, Pfeffer und Muskatnuss abschmecken und mit Petersilie bestreuen. Vor dem Servieren die Sauce über den heißen Blumenkohl geben.

Zubereitungszeit: ca. 20 Minuten

Tipp:
Die polnische Sauce schmeckt auch hervorragend zu Kartoffelknödeln.

(für 4 Personen)

1 Blumenkohl
40 g Butter
30 g Paniermehl
1 hart gekochtes Ei
frische Petersilie, gehackt
Muskatnuss
Salz, Pfeffer

Spargel einfrieren

Spargel ist außerhalb der Saison recht teuer, und so macht es Sinn, die eine oder andere Portion zur Spargelzeit einzufrieren. Zunächst wird der Spargel geschält und für drei Minuten in Salzwasser abgekocht. Dann in Eiswasser abschrecken, gut abtropfen lassen und luftdicht einfrieren.

Geschmorte Dillgurken

Salatgurke schälen, längs halbieren, mit einem Löffel die Kerne herausschaben und das Gurkenfleisch in Stücke schneiden. Die Schalotte in Butter glasig anschwitzen und mit Weißwein ablöschen, die Gurkenstücke dazugeben und gar dünsten. Einen Spritzer Essig dazugeben und mit Salz, Pfeffer und Zucker abschmecken, zum Schluss den gehackten Dill unterheben.

Zubereitungszeit: ca. 10 Minuten

(für 4 Personen)

1 Salatgurke
1 Schalotte, gewürfelt
2 cl Weißwein
20 g Butter
etwas Essig
frischer Dill, gehackt
Zucker
Salz, Pfeffer

Spargel

Den Spargel dünn schälen und vom unteren Ende ca. 1 cm abschneiden. Einen Fond aus Wasser, Zitronensaft, Butter, Salz und Zucker zubereiten. Den Spargel in den Fond geben und ca. 12 Minuten köcheln lassen. Mit zerlassener Butter servieren.

Zubereitungszeit: ca. 20 Minuten

Tipp:
Frischen Spargel erkennen Sie daran, dass Flüssigkeit heraustritt, wenn man das Spargelende zusammendrückt.

(für 4 Personen)

600 g Spargel
Saft von 1 Zitrone
20 g Butter
Zucker
Salz, Pfeffer

Die Milch macht's!

Milch lässt sich problemlos aufkochen, wenn Sie zunächst in einem Topf etwas Wasser erhitzen und erst dann die Sahne oder Milch hinzufügen. Wenn die Milch beim Kochen gerinnt, sollten Sie eine Messerspitze Natron hinzufügen, dann wird sie wieder glatt!

Stielmus

(für 4 Personen)

50 g Butter
50 g Speck, gewürfelt
800 g Stielmus
1/2 Zwiebel, gewürfelt
20 g Mehl
1/4 l Milch
Muskatnuss
Salz, Pfeffer

20 g Butter in einem Topf erhitzen und den Speck darin angehen lassen. Das Stielmus fein hacken, dazugeben und ca. 10 Minuten gar dünsten.
In einem zweiten Topf die restliche Butter aufschäumen, die Zwiebelwürfel andünsten, mit Mehl bestäuben und mit Milch aufgießen. 10 Minuten köcheln lassen und mit Salz, Pfeffer und Muskatnuss abschmecken und zum Stielmus geben.
Stielmus als Gemüsebeilage oder als Hauptgericht mit Bratwurst servieren.

Zubereitungszeit: ca. 15 Minuten

Lauchgemüse

(für 4 Personen)

2 Lauchstangen
1 Zwiebel, gewürfelt
30 g Butter
15 g Mehl
1/4 l Sahne
Muskatnuss
Salz, Pfeffer

Den Lauch putzen, waschen und in Streifen schneiden. Die Zwiebelwürfel in der Butter anschwitzen, mit Mehl bestäuben und mit der Sahne aufgießen. 10 Minuten köcheln lassen. Den Lauch dazugeben, gar kochen und mit Salz, Pfeffer und Muskatnuss abschmecken.
Lauchgemüse schmeckt zu Fleisch genauso gut wie zu Fisch.

Zubereitungszeit: ca. 10 Minuten

Kartoffel & Co.

Mein Buch wäre nicht vollständig ohne ein Kapitel über unser beliebtestes Gemüse. Die unzähligen Kartoffelvariationen kennt zwar jeder, aber wenn es um die Zubereitung ohne Hilfe von Fertigprodukten geht, ist manch einer dennoch hilflos. Dem möchte ich Abhilfe schaffen, denn Spezialitäten aus wirklich frischen Kartoffeln sind durch nichts zu ersetzen.

Kartoffelklöße von gekochten Kartoffeln

(für 4 Personen)

500 g Kartoffeln, geschält und gekocht
40 g Mehl
1 Ei
Salz, Muskatnuss

Die Kartoffeln durch eine Presse drücken, mit Mehl und Ei zu einem Teig verkneten und mit Salz und Pfeffer abschmecken. Kleine Klöße formen und in kochendem Salzwasser ca. 10 Minuten sieden lassen.

Zubereitungszeit: ca. 15 Minuten

Tipp:
Zur Herstellung von Kartoffelklößen eignen sich mehlig kochende Kartoffeln am besten.

Kartoffelklöße von rohen Kartoffeln

(für 4 Personen)

500 g Kartoffeln, roh und geschält
150 ml Milch
12 g Grieß
Muskatnuss
Salz, Pfeffer

Die Kartoffeln werden mit einer feinen Reibe in eine Schüssel mit kaltem Wasser gerieben. Die geriebenen Kartoffeln auf ein Sieb geben, abtropfen lassen und das Wasser auffangen. Die gelöste Stärke setzt sich in dem kalten Wasser nach unten ab. Das Wasser vorsichtig abgießen, die Stärke zu den geriebenen Kartoffeln geben und vermengen. Die Milch mit dem Grieß zu einem Brei verkochen, über die Kartoffeln geben und das Ganze zu einem Teig verkneten. Mit Salz, Pfeffer und Muskatnuss abschmecken. Klöße in kochendem Wasser ca. 10 Minuten sieden lassen. Wenn die Knödel anfangen zu schwimmen, sind sie gar.

Zubereitungszeit: ca. 20 Minuten

Tipp:
Es kann passieren, dass die Kartoffeln zu wenig Stärke haben, in diesem Fall etwas Kartoffelstärke unter den Teig mischen.

Semmel- und Serviettenknödel

Brötchen bzw. Brot in möglichst dünne Scheiben schneiden und in ein Gefäß geben. Speck und Zwiebeln in Butter anschwitzen, mit Milch übergießen und zum Kochen bringen. Das Ganze über das Brot geben und durchkneten. Eier hinzufügen und mit Salz, Pfeffer, Petersilie und Muskatnuss abschmecken. Die Masse sollte ca. 30 Minuten durchziehen.
Für die Semmelknödel den Teig in gleichmäßige Knödel formen. Für Serviettenknödel wird der Teig in ein feuchtes Tuch länglich eingerollt und an den Enden mit einer Schnur zugebunden. Der Durchmesser sollte ca. 10 bis 15 cm betragen. Beide Knödelarten werden in siedendem Salzwasser ca. 15 Minuten gegart.

(für 4 Personen)

4 alte Brötchen (oder dieselbe Menge trockenes Brot)
30 g Speck, gewürfelt
30 g Zwiebeln, gewürfelt
20 g Butter
150 ml Milch
2 Eier
frische Petersilie, gehackt
Muskatnuss
Salz, Pfeffer

Zubereitungszeit: ca. 30 Minuten

Tipp:
Möchten Sie die gekochten Knödel lagern, legen Sie diese in kaltes Salzwasser, dann trocknen sie nicht aus.

Bratkartoffeln

Die Kartoffeln mit Schale in Salzwasser kochen – sie sollten nicht ganz gar sein, sondern noch ein wenig Biss haben. Dann das Wasser abgießen und die Kartoffeln etwas ausdämpfen lassen. Kartoffeln pellen, in Scheiben schneiden und komplett auskühlen. Das Pflanzenöl in einer beschichteten Pfanne stark erhitzen und die Kartoffeln darin goldgelb anbraten.
Vorsicht: nicht zu viel in den Kartoffeln rühren, am besten nur leicht schwenken. Die geschälte und in Streifen geschnittene Zwiebel dazugeben, alles mit einer Prise Paprikapulver und etwas Salz abschmecken und in der Butter nachbraten. Vor dem Servieren mit gehackter Petersilie bestreuen.

Zubereitungszeit: ca. 30 Minuten

(für 4 Personen)

500 g Kartoffeln, festkochend
2 cl Pflanzenöl
1 kleine Zwiebel
Paprikapulver
20 g Butter
frische Petersilie, gehackt
Salz

Kartoffelpüree

Die Kartoffeln in Salzwasser garen und abgießen. Anschließend durch eine Presse drücken oder fein zerstampfen. Die Milch und die Butter dazugeben und alles verrühren. Mit Salz und Muskatnuss abschmecken.

Zubereitungszeit: ca. 15 Minuten

Tipp:
Wenn Sie an Stelle der Milch Sahne verwenden, haben Sie ein sehr schmackhaftes Sahnepüree.

(für 4 Personen)

400 g Kartoffeln, geschält
150 ml Milch
40 g Butter
Muskatnuss
Salz, Pfeffer

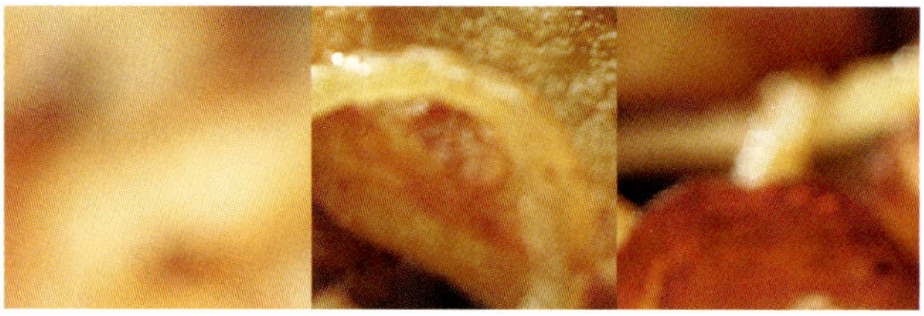

Reibekuchen

(für 4 Personen)

1 kg Kartoffeln, geschält
1 Zwiebel
2 Eier
Fett zum Braten
Salz, Pfeffer

Kartoffeln und Zwiebel auf einer Reibe fein reiben, die Eier dazugeben, mit Salz und Pfeffer würzen und gut vermengen. Die Masse zu kleinen Reibekuchen formen und in reichlich Pflanzenfett goldbraun ausbacken. Kurz auf einem Tuch abtropfen lassen und mit Apfelmus servieren.

Zubereitungszeit: ca. 30 Minuten

Tipp:
Lassen Sie den Reibekuchenteig nicht länger als 10 Minuten bis zum Backen liegen, sonst werden die Kartoffeln braun.

Schupfnudeln

(für 4 Personen)

400 g Kartoffeln, gekocht
60 g Mehl
1 Ei
25 g Butter
Salz
Muskatnuss

Die noch heißen Kartoffeln durchpressen und mit Mehl, Ei, Butter, Salz und Muskatnuss schnell zu einem Teig verarbeiten. Eine Arbeitsfläche mit etwas Mehl bestäuben und den Kartoffelteig zu einer Walze formen. Mit einem Messer jeweils ca. 15 bis 20 g große Stücke abtrennen und mit der Hand zu einer Schupfnudel formen. Die Schupfnudeln in kochendem Salzwasser etwa 4 Minuten ziehen lassen, abgießen und auf ein Tuch geben. Kurz in einer beschichteten Pfanne mit etwas Butter anschwenken.

Zubereitungszeit: ca. 20 Minuten

Spätzle

Das Mehl in eine Schüssel geben, die Eier nach und nach darunter mengen, das Mineralwasser zugeben und mit Salz, Pfeffer und Muskatnuss abschmecken.
Den Teig so lange kneten, bis sich kleine Luftblasen bilden, erst dann hat sich die Stärke, als Bindemittel des Mehls, voll entwickelt.
Der Teig wird in kleinen Mengen auf einem angefeuchteten Brett dünn aufgestrichen und mit einer Palette in kleinen Streifen in kochendes Salzwasser abgeschabt. Kurz aufkochen lassen und in ein Sieb abgießen. Mit kaltem Wasser abschrecken und auf ein Tuch geben. In der Pfanne etwas Butter zerlassen und die Spätzle darin anschwenken.
Wenn Sie die Spätzle lagern möchten, sollten Sie etwas Pflanzenöl darüber geben, damit sie nicht zusammenkleben. Übrigens können Sie sich im Einzelhandel auch eine Spätzlepresse kaufen, das ist einfacher und schmeckt genauso gut.

Zubereitungszeit: ca. 15 Minuten

(für 4 Personen)

100 g Mehl
2 Eier
5 cl Mineralwasser
Muskatnuss
Salz, Pfeffer

Käsespätzle

Die Zwiebeln in der Butter anschwitzen, mit Mehl bestäuben und mit kalter Milch auffüllen. Die Sauce ca. 10 Minuten kochen lassen und mit Salz, Pfeffer und Muskatnuss abschmecken.
Die Spätzle damit vermengen und in eine gebutterte, feuerfeste Form geben. Die Spätzle mit dem Emmentaler bestreuen und für ca. 20 Minuten bei 180° C in den Backofen geben.

Zubereitungszeit: ca. 40 Minuten

(für 4 Personen)

2 Zwiebeln, in feinen Streifen
30 g Butter
20 g Mehl
400 ml Milch
Muskatnuss
800 g Spätzle (s. o.)
200 g Emmentaler, gerieben
Salz, Pfeffer

Rund um die Kartoffel

Kartoffeln zu früh gar? Die kochenden Kartoffeln vom Ofen nehmen und etwas kaltes Wasser dazugießen, so garen diese nicht weiter, bleiben aber warm.

Kartoffelklöße halten nicht? Die geformten Klöße durch Kartoffelmehl wälzen und in kochendem Wasser, das mit Kartoffelstärke abgebunden wurde, kochen.

Bouillon-Kartoffeln

500 g Kartoffeln, festkochend, gewürfelt
400 ml klare Fleischbrühe
20 g Karotten, fein gewürfelt
20 g Lauch, fein gewürfelt
20 g Sellerie, fein gewürfelt
frische Petersilie, gehackt
Salz

Die Kartoffelwürfel in der Fleischbrühe gar kochen, das Gemüse dazugeben und mit Salz und Petersilie abschmecken.

Zubereitungszeit: ca. 15 Minuten

Tipp:
Die Fleischbrühe sollte klar sein, damit die Bouillon-Kartoffeln auch appetitlich aussehen.

Nachtisch

Etwas Süßes ist der krönende Abschluss jeden guten Essens, und gerade hier treten besonders viele kulinarische Modeerscheinungen auf.
Doch auch beim Nachtisch finden sich raffinierte Rezepte, die ein bisschen in Vergessenheit geraten sind, aber modernen Desserts in nichts nachstehen.
Es lohnt sich auch hier, Vergangenes wieder hervorzuholen, um „neue“ Genüsse zu erleben.

kochduell

Sächsische Quarkkeulchen

(für 4 Personen)

250 g Kartoffeln, gekocht und durchgedrückt
100 g Quark, durchgedrückt
50 g Zucker
3 Eigelb
geriebene Schale einer Zitrone
50 g Mehl
50 g Rosinen
100 ml Weißwein

Kartoffeln, Quark, Zucker, Eigelb und die geriebene Zitronenschale in eine Schüssel geben und das Mehl langsam unterarbeiten. Die Rosinen im Weißwein aufkochen lassen und ohne Flüssigkeit zum Kartoffelteig geben.
In einer Pfanne kleine Törtchen braten. Mit Obstkompott und Vanillesauce servieren.

Zubereitungszeit: ca. 30 Minuten

Tipp:
Wenn die Kartoffeln oder der Quark zu viel Feuchtigkeit haben, kann es sein, dass der Teig nicht richtig hält. Geben Sie in diesem Fall einfach etwas Kartoffelstärke dazu.

Eiweiß schlagen

Achten Sie beim Eischneeschlagen darauf, dass die Schüssel kalt und sauber ist und fügen Sie dem Eiweiß eine Prise Salz hinzu, dann gelingt es immer.

Frankfurter Pudding

(für 4 Personen)

50 g Butter
100 g Zucker
5 Eigelb
50 g Biskuitboden, gerieben
50 g Mandeln, gerieben
25 g Rosinen
5 Eiweiß
15 g Speisestärke
Zimt

Butter und 50 g Zucker schaumig schlagen und das Eigelb nach und nach unterheben. Geriebenen Biskuitboden, Mandeln und Rosinen unterrühren. Das Eiweiß mit der Stärke und dem restlichen Zucker schaumig schlagen und mit dem Zimt unter die Masse heben. Förmchen ausbuttern und mit geriebenem Biskuitboden bestreuen. Die Förmchen bis zu $^{3}/_{4}$ mit der Masse füllen und im Wasserbad bei 180° C ca. 20 Minuten backen.

Zubereitungszeit: ca. 40 Minuten

Tipp:
Das Rezept des Frankfurter Puddings ist sehr einfach und vielseitig. Wenn Sie z. B. Kakaopulver dazugeben, bekommt er einen schönen Schokoladengeschmack.

Unreifes Obst

Unreife Bananen in ein feuchtes Tuch wickeln und dann in Zeitungspapier einschlagen, so reifen sie gleichmäßig nach. Übrigens: Bananen niemals im Kühlschrank lagern, dort werden sie zu schnell braun.
Avocados oder Mangos einfach in Zeitungspapier einrollen und auf der Fensterbank nachreifen lassen.

Hamburger Rote Grütze

(für 4 Personen)

400 ml Rotwein
200 g Zucker
Zimt
etwas Speisestärke zum Abbinden
100 g Erdbeeren
100 g rote Johannisbeeren
100 g Sauerkirschen
100 g Himbeeren

Rotwein aufkochen, Zucker und Zimt dazugeben. Die Flüssigkeit mit in Wasser angerührter Speisestärke abbinden und die Beeren dazugeben.
Mit Vanillesauce servieren.

Zubereitungszeit: ca. 15 Minuten

Tipp:
Nachdem die Beeren in der Flüssigkeit sind, darf man diese nicht mehr aufkochen und auch nicht mit einem Schneebesen darin herumrühren, da man sonst die Beeren zerdrückt.

kochduell

Versoffene Jungfern mit Vanillesahne

Rotwein mit Zimt, Zucker und Zitronenschale aufkochen und mit Speisestärke abbinden.
Zucker mit Eiern schaumig schlagen und abwechselnd Mehl und Wasser unterrühren. Zitronenschale und Vanillemark unter den Teig kneten. Aus dem Teig kleine Kugeln formen und in der Friteuse ausbacken.
Aus Sahne, Vanillemark und Zucker eine Vanillesahne herstellen. Die Rotweinreduktion in einen Suppenteller geben und die gebackenen Teigbällchen hineinlegen, mit Puderzucker bestreuen und die Vanillesahne dazugeben.

Zubereitungszeit: ca. 40 Minuten

(für 4 Personen)

1/2 l Rotwein
1 Zimtstange
1/2 Zitronenschale, gerieben
150 g Zucker
etwas Speisestärke zum Abbinden
150 g Zucker
3 Eier
150 g Mehl
5 cl heißes Wasser
2 TL Backpulver
Mark einer Vanilleschote
etwas geriebene Zitronenschale
100 ml geschlagene Sahne
etwas Vanille
Zucker

Über den Autor

Ralf Meuser
geb. am 25. August 1964 in Grevenbroich

Beruflicher Werdegang

- Ausbildung zum Koch und Comis de Cuisine im Hotel Inter Continental in Düsseldorf
- Demis Chef de Cuisine, The Berkeley Hotel, London
- Demis Chef de Cuisine, Hotel Breidenbacher Hof, Düsseldorf
- Chef Tournant, Hotel Beatus Merligen, Schweiz
- Chef de Partie, Atlantic Hotel Kempinski, Hamburg
- Sous Chef, Hotel im Wasserturm, Köln
- Küchenchef im Gästehaus der Bundesregierung, La Redoute, Bonn
- Küchenchef, Balance Hotel, Neuss
- Küchenchef, Schlosshotel Lerbach, Bergisch Gladbach
- Küchenchef, Gerling-Konzern Vorstandscasino
- Inhaber und Küchenchef, Restaurant Velderhof

Besondere Qualifikationen

Küchenmeister und staatlich geprüfter Diätkoch

Momentane Tätigkeit

- RALF MEUSER „EIN KOCH FÜR GEWISSE STUNDEN“
  Leihkoch/Beratung/Event-cooking/Catering/Kochkurse
  TEL. & FAX 02181/243863, www.ralf-meuser.de
- Fernsehkoch im Kochduell bei VOX mit mehr als 1000 Sendungen in den letzten 4 $^1/_2$ Jahren
- Menükochschule von Ralf Meuser und Carsten Dorhs
- Berater bei der RTL-Serie „Kalle kocht“ mit Kalle Pohl
- Präsentation der *Ariston Pasta Schule* für Merloni-Haushaltsgeräte

Register

kochduell
Die schnellste Kochshow der Welt

Susanne Vössing

kochduell
Raffinierte Kräuter- und Gemüse-Rezepte

96 Seiten, zahlr. farb. Abb.
gebunden
ISBN 3-8025-1405-X

Carsten Dorhs

kochduell
Pfiffige Kartoffel-Rezepte

96 Seiten, zahlr. farb. Abb.
gebunden
ISBN 3-8025-1406-8

Wolfgang Kohlhepp

kochduell
Finger Food – fix und fertig

96 Seiten, zahlr. farb. Abb.
gebunden
ISBN 3-8025-1417-3

Andreas C. Studer

kochduell
Barbecue – Das Grillbuch

96 Seiten, zahlr. farb. Abb.
gebunden
ISBN 3-8025-1419-X

Thies Möller

kochduell
Das Fischbuch

96 Seiten, zahlr. farb. Abb.
gebunden
ISBN 3-8025-1418-1

Franz-Xaver Bürkle

kochduell
Desserts – Von locker-leicht bis süß und cremig

96 Seiten, zahlr. farb. Abb.
gebunden
ISBN 3-8025-1446-7

Stefan Wiertz

kochduell
Pasta, Pesto & Co.

96 Seiten, zahlr. farb. Abb.
gebunden
ISBN 3-8025-1447-5

Rainer Mitze

kochduell
Exotische Gemüse und Gewürze von A-Z

128 Seiten, zahlr. farb. Abb.
gebunden
ISBN 3-8025-1466-1

An die ELO®-Töpfe... fertig... los!

mit Freude kochen!

www.elo.de

kochduell
Mo.–Fr. um 18:15 Uhr
VOX
www.vox.de

„Kochen wie vom anderen Stern“

„Galactisch-gut“ kochen wie ein Profi – mit Artikeln der „Galactica-Serie“.

Das Design ist geradlinig und sehr funktionell. Die genialen Details, wie z. B. der ***Akkuthermspeicherboden,*** sprechen für sich. Dieser leitet die Wärme durch die ***Energieleitrillen*** gleichmäßig an das Gargut weiter und Sie sparen damit Energie und Zeit.

Natürlich sind die Produkte der „Galactia-Serie“ ***für alle Herdarten geeignet*** und sind auf der Innenseite mit einer Literscala versehen. Die formschönen schwarzen ***Bakelitgriffe*** liegen gut in der Hand und sind backofenfest.

Nur von ***ELO*** gibt es passend zur Serie eine ***Profi-Sauteuse*** zum Reduzieren von Flüssigkeit. Sie ist der meistverwendete Artikel beim VOX-Kochduell!

Natürlich gibt es zur „Galactica-Serie“ alles was das Genießer-Herz begehrt:

Für Asiatisches den eleganten ***Wok***, einen ***Simmertopf*** für sicheres Kochen von Milch & Co., das ***Fondue- Set*** zum feiern mit Freunden und den schlanken ***Spaghetti-Topf*** für Pasta. Basta!

Aromatisch & Cross = „Across“

Sie wollen es aromatisch und cross?! Na super – hierfür gibt es unseren ***„Across“***.

Dieses Allroundtalent passt auf Töpfe und Pfannen der Größe 24/26/28 Ø cm.

Man kann herrlich ***cross braten***, weil das Kondenswasser sich in der Rille des Deckels sammelt.

Gleichzeitig bleiben die Speisen ***aromatisch***, weil der Deckel einen ***Aromatic-Knopf*** mit Sieb hat, durch den Sie Wein oder sonstige Aromazutaten auf das Gargut träufeln lassen können, ohne den Deckel abzunehmen.

Mmmmh lecker . . .

„Dadü“ – Dämpfen & Dünsten

Dieser geniale Artikel sollte in keiner Küche fehlen.

Der Dadü verwandelt jede tiefe Pfanne oder Topf in einen ***Dünster***. Setzten Sie den ELO-Dadü mit dem passenden Durchmesser auf Topf oder Pfanne (Ø 20 cm, Ø 24 cm, Ø 28 cm) Ihrer Wahl und Sie können mühelos Fisch-, Gemüse- oder Kartoffelgerichte zubereiten. Die kostbaren ***Vitamine und Aromastoffe bleiben erhalten***. Der praktische und pflegeleichte Einsatz ermöglicht ein unkompliziertes Zubereiten moderner, ***gesundheitsbewusster*** Gerichte mit Pfiff.

Lauter fleißige „Helferlein“

Diese breite Produktpalette von formschönen und funktionellen ***Küchenhelfern*** sind das i-Tüpfelchen jeder übersichtlichen und modernen Küche.

Alle Küchenhelfer werden mit Adapterhaken geliefert, falls Sie an eine runde Leiste gehängt werden sollen.

Sie sehen – ***ELO denkt mit.***

„Schneidiges“ für Ihre Küche

Mit diesen scharfen Messern von Q-Linair macht Kochen einfach Spaß. Sie haben Klingen aus ***Vanadium/Molybdänstahl*** und sind in dem Messerblock aus Buche gut aufgehoben.

Praktisch: der Messerblock kann je nach Gusto ***gestellt*** oder mit beiliegender Minileiste ***gehängt*** werden.

ELO-STAHLWAREN Karl Grünewald & Sohn GmbH & Co. KG

Dalberger Straße 20 · D-55595 Spabrücken · Germany

Tel.: +49 (0) 6706 / 914 - 0 · Fax: +49 (0) 6706 / 914 - 222

E-Mail: info@elo.de · Internet: www.elo.de

mit Freude kochen! www.elo.de

... von flinken Küchenchefs empfohlen – bewährt in der Praxis.